ビジネス・ロジスティクスの原理

35年の物流センター支援から生まれた経営の応用理論

LOGISTICS

物流・ロジスティクスコンサルタント
花房 陵

はじめに

21世紀の今日、地球世界規模では人口が75億人から急増しており、2050年には100億人を越えると試算されている。あふれあまる人口と生きるために消費するモノたちの行方が心配だ。

46億年の地球誕生から見て火山噴火や彗星の衝突、氷河期以上に地球の地層環境は大きく変化しているそうである。人類による地球資源の大消費が進み、新しい地球世代とみなせるという。氷河期が終わり1万年以上続いた完新世（かんしんせい）から、人新世（ひとしんせい）の時代に突入しているそうだ。そのために気候は変動し、その影響から食料は不足し、自然環境や温暖化現象が人類の生存危惧をもたらすことになるかもしれない。ここ数年でもエネルギーと食料、新たな疫病や地域紛争という人類の存亡危機が世界を覆っている。

1972年ローマクラブは地球の限りある資源の重要性を提唱するために、**宇宙船地球号**という概念と共に経済成長の限界を提言したが、それから半世紀を経て先進国経済では製造業から金融情報サービス産業へのシフトが主流となり、停滞ではなく新しい成長軌道に乗っているとも見られる。後進国では、膨張する人口のために依然として工業という地球資源の消費に一層のドライブが掛かっているといえる。地下資源である原油は近い将来に完全に枯渇すると予言されてきたが、新たなシェールオイルなどの発掘法が発明されており、現在では北米が世界最大の産油国になっている。その後の計測予測でもアジア中東などより、ロシアや南米ベネズエラにはまだまだ無尽蔵ともいえる原油が埋蔵されていると目されていて、母なる地球の偉大さには驚くばかりだ。

毎年世界を襲う異常気象の遠因には、エネルギー消費の抑制が効かない結果の地球温室ガス効果が挙げられており、産業界では省エネへの関心と危機感が高まるばかりである。

人類にとっては異常気象による食糧危機がもたらす生存不安や幸福感の喪失など、経済成長と福祉幸福感には大きな乖離が生じ始めてきている。人災の最たる交通事故や火災死亡者、地域紛争、テロ事件よりも、食品の過剰摂取による糖尿病や健康被害による死亡者が激増しているからだ。莫大な量の地球資源とエネルギーを利用してモノを作り出し、消費し、過剰摂取により健康被害が生じながらも余らせて破棄する。化学汚染物質は自然を痛め、自然回復する力を失っている。地球も社会も企業も大きな課題の壁にぶち当たっているのが現代だ。この時代を勝ち抜けることができるのだろうか。**勝利にはどんな知識と技術**が必要なのか。

ロジスティクスは１８３２年クラウゼビッツの著した『**戦争論**』に登場した概念と機能であり、兵站（へいたん）として戦闘に欠かせない補給機能部隊であった。世界大戦での日本はこれを軽視したために、物資欠乏のため戦闘続行不能となり、従軍兵士の悲惨さは歴史に汚点を残すことになった。用語としてのロジスティクスが広く世間に周知されたのは、アメリカ介入の湾岸戦争を著した１９９２年ＷＧパゴニス大将の『**山動く～湾岸戦争に学ぶ経営戦略**』であっただろう。これを契機にビジネス戦略においてのロジスティクス重視は、エリアマーケティング、ランチェスター、ドミナント、サプライチェーンの経営理論に応用され、企業成功事例にはロジスティクスの役割が数多く登場する。

ロジスティクスの本質は、競争や戦闘における勝利の方程式であり、経営に必須のリソース供給による継続安定的な運営を目指すものである。人類幸福にとっての地球環境保全とライフラインの確保、企業経営における競争力強化のためのマーケティング手段の構成として、ロジスティクスの全貌を明らかにしたいと願い、本書をまとめることにした。ロジスティクスの知識と技術が企業経営だけでなく、地域社会や地球環境にも役立てるよう、幅広い視座を心がけて解説してゆく。

２０２０／03／03　花房 賢祐 (hanabusa@dream.com)

さらなる視座の獲得

２０２０年4月7日、日本では新型コロナウィルス被害による国家非常事態宣言が発出されて、全国規模で活動自粛と学校休業が行われている。生産現場もサプライチェーンの影響で停止せざるを得ず、ホワイトカラーは事務所への出社を禁じられ、リモート勤務となった。通常企業は**エッセンシャルワーカー**（生活インフラを支える職業）以外は80％の対人接触を控えるように促されている。食料関係を除く、営業、生産、流通はほとんどがシャットダウン状態にあり、対人サービス業（ホテル・飲食・観光・エンタメ）に従事する６５０万人は事業停止という壊滅的打撃を受けた。家計消費は抑制され、ＧＤＰは通年で20～30％低下が予測されている。

外国人観光客頼りのインバウンド消費が蒸発した上に、外出自粛経済活動では、新型コロナによる病死と経済死が併存するのが現状だ。

患者と並んだ被害者は、エッセンシャル活動としての行政、物流、学ぶ権利を奪われた児童生徒学生は将来の不安を押し付けられている。消費マインドが冷めきった上にグローバルサプライチェーンも停滞している現在、産業界と共にあった物流のこれからを展望することはできない。むしろ、アフターコロナ社会の風景は想像を超えたものになるに違いないが、失われた雇用を回復させる新たな日常に関わるビジネスでは、物流・ロジスティクスの役割と期待の面から検討を加えてみたいと思う。

ロジスティクス（情報カネモノの流れ）とサプライチェーン（物流・ロジスティクスのインフラ機能）がどのような評価を受けることになったのか、そしてその未来はどう描けるのか。

Contents

Contents

Contents

Contents

第1章

ロジスティクスとは

運輸業や倉庫業、海運・航空などの物流業や国際貿易などの仕事をしている方にとって、改めて「ロジスティクスとは何か」と問い直すことはないだろう。日々の仕事がモノと情報に追われ、たくさんの連携する企業や人々とのコミュニケーションが習慣になっているからだ。まさにモノと情報の日々の流れがロジスティクスなのだ。正確にはここにカネの流れが加わることも忘れてはならない。

ロジスティクスとは本来は戦争用語であり、1800年代のナポレオン時代まで遡るものであり、戦争における機能と役割を表している。和訳では**兵站（へいたん）**と示されており、戦場への物資供給の役割をになっていた。戦争物資とは、兵力に欠かせない食料、武器弾薬、兵士の日用品から消耗品などあらゆるものを扱い、兵力そのものを支える役割がある。我が国の自衛隊にも兵站部隊があり、熊本駐屯基地が重要な役割を果たしている。ロジスティクスの歴史は、戦争のない時代からビジネス・ロジスティクスとなり、勝利を目指す**マーケティング**活動へと移行することになる。マーケティングとはビジネス活動における価値創造、顧客創造、パートナーシップ構築と精算・決済のすべてを含むが、その中でもロジスティクスはモノやサービスの安定供給という役割をになっている。すべてのビジネスにマーケティング活動があるように、モノは行政公共サービスや教育、金融、IT産業にも確実に存在しており、ロジスティクスはマーケティング活動に含まれる、実体経済を支える重要な分野なのである。もし、ビジネスに問題や課題が生じた場合、それはモノや情報、カネの問題となることが多く、そうであればロジスティクスの点検から行うことで解決が早まる場合が多い。

第1節　軍備のロジスティクス

　戦争や紛争では、国家や地域での争いで勝利するために軍隊は組織されている。専守防衛であれ突撃部隊であれ、戦闘には専門組織化がなされており、軍隊には次の4つの機能が代表的なものだ。

1：作戦立案　2：諜報（情報収集）　3：兵站（物資調達と輸送）　4：戦闘行為

　つまり戦うためには作戦と情報分析、物流と戦闘員が必須条件というわけだが、現代ではどうだろう。ドローン爆撃や宇宙衛星監視からのミサイル誘導など、情報戦略や諜報技術が強化されているようだ。しかし、だからといって兵士や兵器がないわけではなく、それらを運用するためのロジスティクスは戦闘能力を支える重要な要素と言えよう。

　かつての近代戦では**ランチェスター理論**（勝利の確率は、兵力の2乗に比例する）という物量競争の戦闘が勝利の条件とされ、大量の物資や兵器を備えることが軍備の優先事項となっていた。それ故、各国の軍事力比較では防衛予算や要員数で比較されているが、これからの情報戦では数や量ではない戦闘能力が検討されていることだろう。

　何れにせよ、国家とは外交と防衛に代表される政治があり、従来までの戦争能力というものが国家を支えてきたのであるから、それは事実として国力とはロジスティクス能力に掛かっていたともいえるのではないだろうか。

すべての科学技術が軍事研究から波及・影響されてきたように、ロジスティクスの技術もその多くが軍備からの応用にある。『**山動く～湾岸戦争に学ぶ経営戦略**』WGパゴニス著でもICタグ付き兵器コンテナを衛星通信で動態追跡し、装備の進捗状況を作戦本部で集中把握するなどの技術がすでに完成していたことが読者には興味を与えたことが挙げられる。

ロジスティクスが**物資流通**や**物的流通**（日本では物流は物資流通の短縮語として使われており、昭和33年の能率協会アメリカ視察団がロジスティクスを**Distribution**から、物的流通と翻訳して物流としたという記録が残されている）と翻訳・解釈されて日常用語になった。ロジスティクスは戦争やビジネス、日常生活のライフラインに直結する極めて重要な機能であり、また職業であることが再認識されたのは実は極めて最近のことなのである。特に平成の時代に頻発した異常気象による5年毎の激甚災害や東日本大震災など、まさに有事の際に国民の命と生活を守るために物流企業の果たした役割が注目を浴びるなど、改めてその活動の大切さに気づいたのではないだろうか。戦争という暗い悲しいイメージから、救援物資を全国津々浦々まで届けるトラックドライバーや地域の生活拠点となっていたコンビニやスーパーでの品揃えの裏にはロジスティクスの働きが評価されたのは嬉しいことであった。

第2節　ビジネスにおけるロジスティクス

企業のマーケティング活動は、経営戦略などの戦争用語にあふれている。だからマーケティング活動そのものにもロジスティクスは含まれており、アメリカンマーケティング協会の用語定義では次のように示されている。

Marketing is the activity, set of institutions, and processes for creating, **communicating, delivering, and exchanging** offerings that have value for customers, clients, partners, and society at large.

日本マーケティング協会では『**マーケティングとは、企業および他の組織がグローバルな視野に立ち、顧客との相互理解を得ながら、公正な競争を通じて行う市場創造のための総合的活動である。**』とされており、製造～備蓄～輸送～決済～販売～還流などの一連の物流活動を含めている。

つまりは企業活動におけるすべてのプロセスは、ロジスティクスによって完結し、決済と商談の終了を保証していることになる。物流に従事する職業は、**WE ARE THE BACK.（我々が最後であり、後ろには誰もいない）**という矜持と誇りのもとに日々の活動があることを覚えておきたい。

物流・ロジスティクスを簡単に説明するならば、「モノを数えて運ぶ」ことに尽きるが、実際のところ商流や金流という商談と決済には商品というモノだけでなく、伝票という情報が欠かせない。高速通信が前提のビジネス取引では、まもなく5Gという遅延のないまさに光速の情報通信が可能となり、これからは手書きの伝票というものは歴史の話題に消えてゆくことだろう。しかし、モノは伝票と一体化されており、物流・ロジスティクスでは、モノを数える前に伝票の処理という業務が確実に存在する。それは、注文の受信であり、商談の見積書であり、また在庫帳簿に記録されている在庫伝票である。そこで、物流・ロジスティクスの活動は、モノの保管、計量、移動、情報処理(伝票処理)、包装、事務作業、通信連絡という拡張機能を持つことになる。

モノの移動という物理的な活動を支えるのが光速の情報通信であるという時代は、ちょうど軍事が兵隊による戦闘からドローンや衛星観測によるミサイル攻撃に変わるように変化と進化に似ているともいえる。

これからのロジスティクスは光速通信を背景にして、モノの需要や消費を瞬間に捉えて在庫からの移動や生産活動への連携が行われることになる。従来のように生産と販売活動、在庫の移動について指示命令や注文というヒトを介した指示命令に従属するモノの活動から、すべてが自律連動するようなことが始まることになるだろう。

ビジネスがモノやサービスの開発に起点を置き、消費者や市場との接続にロジスティクスが果たしてきた役割は、今後は連続ではなく瞬時の接続となるだろうし、製造や流通における在庫問題や従来の物流センターの機能も大きく変化することが予見できる。

本書ではこのような時代の変化と技術進歩による環境変化が、ロジスティクスにどのような影響をもたらすかにも言及してゆきたいと考えている。

第3節　ロジスティクスの役割はこれからどうなるか

物流・ロジスティクスは時代がどのように変わっても、産業の主体が製造業から情報通信産業に大きくシフトするとしても、モノとサービスの移動はなくならないだろう。だから「物流・ロジスティクスの仕事は安泰なのだ」という見解が今でもある。モノを扱うということはそれほど貴重で重要で、かつ大事である仕事の代表だ、と信じ込まされてきた。たとえ、「**単なるカウントと移動だけの、誰にでもできる仕事ではないか**」と卑下されても、役割をうたわれて保身を図ってきたことも事実であろう。

ロジスティクスはこれからも専門技術や専門職、専門企業に任せるべき特殊な業務や価値ある仕事として生き続けることができるであろうか。従来のように大量、高速、正確さを期待される専門事業者としての役割が安定して継続できるだろうか。

物流・ロジスティクスはビジネスにおいては、生産、販売、流通の実体経済を支える重要な黒子役として貴重な存在であることに異論を唱えるつもりはない。しかし、専業者としての許認可事業や特殊技能のあるサービス分担の位置づけが安泰であるかどうかを改めて見れば、専業としての物流業界の存続は極めて危ういところに向かっていると感じている。

それは、ロボティクスやAI、ITによって自動化や無人化が進むことで、製造の一貫や流通の付属機能として取り込まれてしまうのではないか、という懸念が消えないからである。例えば多くの製造業グループで物流専業として独立した物流子会社が、その機能を満たしたとして事業を収束させたり、親企業へ返還されていることを見ると、その兆しはすでに始まっていると感じる。高い専門性なのか、一貫した事業内部の工程なのか、異論は分かれるとは思うが、物流・ロジスティクス専門性から汎用性、異色の活動が目立つようになってきているのは、業界から業際へという事業範囲の問題なのかもしれない。そして、専門的な技術や特殊性が失われてきているのかもしれない。

その反面、巨大物流センター内部で製造工程やＥＣショップ店舗の商品陳列が行われて、作ることや売ることの代行をより巨大な規模で実現できるようになっている。製造工程や流通工程への越境・侵入を物流・ロジスティクスが行い、立派に指名代打の役割を果たしているかのように見えている。

付加価値創造の主役だった製造業の行く末からしても、その地位はすでにサービス産業に侵食されており、今後の衰退は明らかであり、物流・ロジスティクスの内部工程に製造分野が組み込まれるのも時間の流れかもしれない。事実、積層製造技術という生産工程で利用されていた３Ｄプリンターの隆盛は工場のあり方、工場の様相を大きく変えることになり、製造と使用の現場をより近づける意味でも物流・ロジスティクスの現場に３Ｄプリンター設置が期待されることになるだろう。

物流・ロジスティクスにはこのように従来の製造、販売の機能を取り込める余地が十分にあり、またそのことを期待されていることが時代の要請でもあるように感じている。このような視点に立って、物流・ロジスティクス発祥の歴史から未来の役割を窺う考察を続けてゆくことにする。

コラム　物流不動産とは何か　no.1

メガ倉庫は誰が手がけたか

2001年に東京新木場に登場したメガ倉庫（延床100万平米以上の巨大倉庫）は、黒船扱いの外国資本の手によるものでした。「なぜ、倉庫や物流施設を物流業者以外が手がけたのか」業界ではしばらく疑問符でした。それまでは、倉庫や物流施設を開発するのは倉庫業や運送業に限られていたからです。物流施設の開発は多額の投資を自社の経営判断で行ってきたのが当たり前だったからです。しかし、外資参入が徐々に台頭してきても、それでも物流業界は動じませんでした。「単に新しい倉庫や供給が増えただけ」という傍観者的な見解を出すに留まっていたのです。

多くの巨大倉庫が完成してから数年後、新聞各紙は物流合理化外資が担っていると報道し、この動向を分析し始めました。大資本はどこから来ているのか、採算収支はどのような計算なのか、日本のデフレ下にあって将来展望は果たしてあるのか。湾岸地区や再開発地区の競争入札で、筆頭札を入れる外国資本が続き、倉庫用地の不動産ミニバブルが始まった、などとも報道されました。大手倉庫業者もメガ倉庫が開発されるたびに、供給過剰ではないか、そのために保管料の値下げ圧力が強まるのでは、という小さな心配がめぐるだけでしたが、ようやく各社が分析結果を理解した時、更に足元をすくわれた思いに至ったのです。

P.039へつづく➡

第2章

ビジネス原理

筆者は海外留学生の多いファッション・ビジネス大学院で毎年ロジスティクス論授業を通して、学生たちと将来について語り合う事が習慣になっている。学生たちに問うのは、どんな仕事を目指しているのか、人生の目的は何かなど、若さに合わせての自由討議だが、案外彼らは打算的であり将来への展望では、**「とにかく金が欲しい」**とストレートに話す。

では、金儲けはどうすれば叶うと思うかという話題に切り替えると、口をつぐみ視野が狭く、アイデア欠乏が目立つようだ。大企業で将来を過ごしたいという主張は少ないが、どうやって自ら稼ぎだすか、企業は何によって金を稼いでいるかをリアルに理解できているようには思えず、授業は金儲けの原理原則から始まるのである。思えば小学生の夢が「会社の社長さん」というのと変わらないのは、20代になっても世の辛さを想像できていなくて微笑ましい。

最近話題にしているのは映画にもなっている**『ファウンダーズ、マクドナルドの成功物語』**である。ファストフードのマックはマクドナルド兄弟が開発して大成功していたロサンゼルスの東、サンバーナーディーノという地にあったハンバーガーショップをレイ・クロックが見出し、フランチャイズシステムによって世界的企業までに至らせたというものだ。ところがその本質は、実は不動産と店舗をフランチャイザー（本部）が開発し、低金利でフランチャイジー（加盟店）に貸し出す事（店舗のサブリース方式）で爆発的に拡大成長できたという事なのだ。ハンバーガーショップに興味を持つ、小金持ちや特段ノウハウがなくてもスタートできると考えるフランチャイジーにとって、店舗の立地と開発が大きなハードルになる。そこをクリアしたのがレイ・クロックの知恵だったのだ。最初は売れないレストランやカフェのオーナーをハンバーガーショップに改装させてと考えていたが、チェーン店舗の開発のスピードが上がらず、またハンバーガーの食材マージンだけではほとんど利益が蓄積できなかったという。マクドナルドのフランチャイズというと、日々の食材を物流・ロジスティクスで供給しているイメージが強く、そこに収益の源泉があると思いがちではある。

確かに店舗としてのフランチャイジーは日々の販売活動に原材料供給は重要であるが、フランチャイザー側では日々の変動売上よりも、月額固定の店舗賃料の収益が長期に渡り確定しており、また安定事業としているわけであり、収益性は賃料と原材料原価のいずれが寄与しているかを考慮すると、安定性で不動産賃料が優位に立っていることが明らかである。このようにマクドナルドという世界規模のフランチャイズチェーン店は、決してハンバーガーという食材だけで急成長できたわけではなく、不動産という固定資産と賃料という安定事業収入で成長してきた歴史を振り返ることで、企業は何で儲けているのかをきちんと点検することの大事さを教えてきた。同時に日本で急成長したコンビニエンスストアも同様の店舗開発が大半を占めており、経営資源の中でも不動産の役割に注目する必要がある。この点は、物流・ロジスティクスにおいても新型倉庫が専門の開発事業者によって、大量に供給されている現実を踏まえ、物流不動産というテーマのコラムで解説する。

第1節　ビジネスの目的

企業体の存在理由は収益の追求にあり、資本金を基にして蓄積を重ねる事が唯一無二の目的であろう。個人事業であろうと法人組織体であろうと、ネタにした元金からいかにして増やしてゆくか、日々の運転生活資金をどうやって捻出するかに奔走するのがビジネスだといえよう。

お金を稼ぐ（他から手に入れる）には3つの手段しか無い。お金がある場所を顧客市場、マーケットと呼び、自分と同時にカネを狙っているのが競合企業である。市場から競合を出し抜いて、金を稼ぐための方法は、3つの手段があり、それは**盗む、貰う、交換する**という大原則だ。

盗むとは、天然自然の資源から価値あるモノを手に入れる収穫であり、農林水産業、養殖業、鉱業などが当てはまるだろう。スタートでは誰でも同じ環境にあり、気づく、急ぐ、上手くする、より巨大な規模を準備するという競争でモノを収穫してカネに変える事ができる。大学キャンパスに落ちている銀杏を拾っては小遣いにしていた学生時代を思い出す。

貰うとは、親からのお年玉や小遣いのように対価がない（実際には将来の対価を期待されている）のにいただける事だ。貰える時代には限りがあるように思える。宝くじや抽選賞金などが該当するだろう。

交換するとは、自分の自由時間を労働に充てたり、作り出した商品やサービスを販売する事で仕入れた価格との差益や原材料マージンを手に入れる事だ。経済の原則は交換にあり、そのために取引のための市場が構成されている。この場合の市場とは、買い手と売り手が商品やサービスを前にして価格決定を行うという、概念上の市場のことである。消費者も至るところに組織化された市場からモノを手に入れられるという自由経済が発達してきた。稼ぎたい、欲しいと思う金額にもよるが、効率の良さを想像するだけで、カネを儲けるためには盗む、貰うよりも交換という方法が良さそうだと学生たちは気づく。交換というしくみから、ロジスティクスの授業は始まる。同じようなモノも世界の各国では経済水準が異なり、価格差がありそうだと気づくと、そこに貿易という国際物流の存在に気づくことになる。安いところから仕入れて、高く売るというアービトラージ（裁定取引）が最初の金儲けのヒントになるのだ。

何かを交換するためには、モノを作るなり仕入れるというモノの移動や保管という作業が必要となり、ビジネスで収益を獲得するためにはロジスティクスが最重要だという事にようやく気づくのだ。

ここから運輸や倉庫という物流業は交換のビジネスを支えていると定義できる。保管だけ、運ぶだけではなく、交換に関わる事前事後のすべての局面を改めて見直すとどうなるだろう。輸送や保管という専門性に特化したとはいうが、今の物流企業にはまだまだ欠落している付帯事項が多く見られることに気づけば物流・ロジスティクスにも大いなるチャンスが存在している。物流・ロジスティクスにとっての将来性は知恵次第という点に学生たちは関心を示すのが毎年の恒例となっている。

第2節　ビジネスモデルと業種

ビジネスを手がけようとしている自分と顧客市場という関係や位置づけを理解すると、これらを結びつけるために何が必要かという全体像や関係構造の理解が始まる。自分の存在や商品をどうやって知らせるか、どのような商品を生み出すのが良いのか。誰に売るのか、条件はどうやって定めるのか。受け渡しや代金の精算はどうするのか、などと案外混乱が始まってしまうものだ。そして、そもそも金を稼ぐために商品を作らねばならない。いざその時に元手となるカネはどうしたら良いのかを漠然と思い浮かべながら、学生なら自分の興味や趣味に合わせて、商品やサービスを作る、仕入れてくるなどと発想が連続するが、そこで多くの疑問が生まれてくる。

ビジネスの構造はどうなっているのか。誰が作り、どうやって売るのか(交換する)。その疑問に答えるのがビジネスモデルという構造の理解であろう。

ビジネスモデルとは、様々な解釈や説明が存在しているが、最も理解しやすい構造は図解したように9つのパーツでそれぞれのビジネスプロセスを構成していることを理解するのが良いだろう。中央にある3つの要素、主要活動、主要資源、価値創造が主体として自身が構想しなくてはな

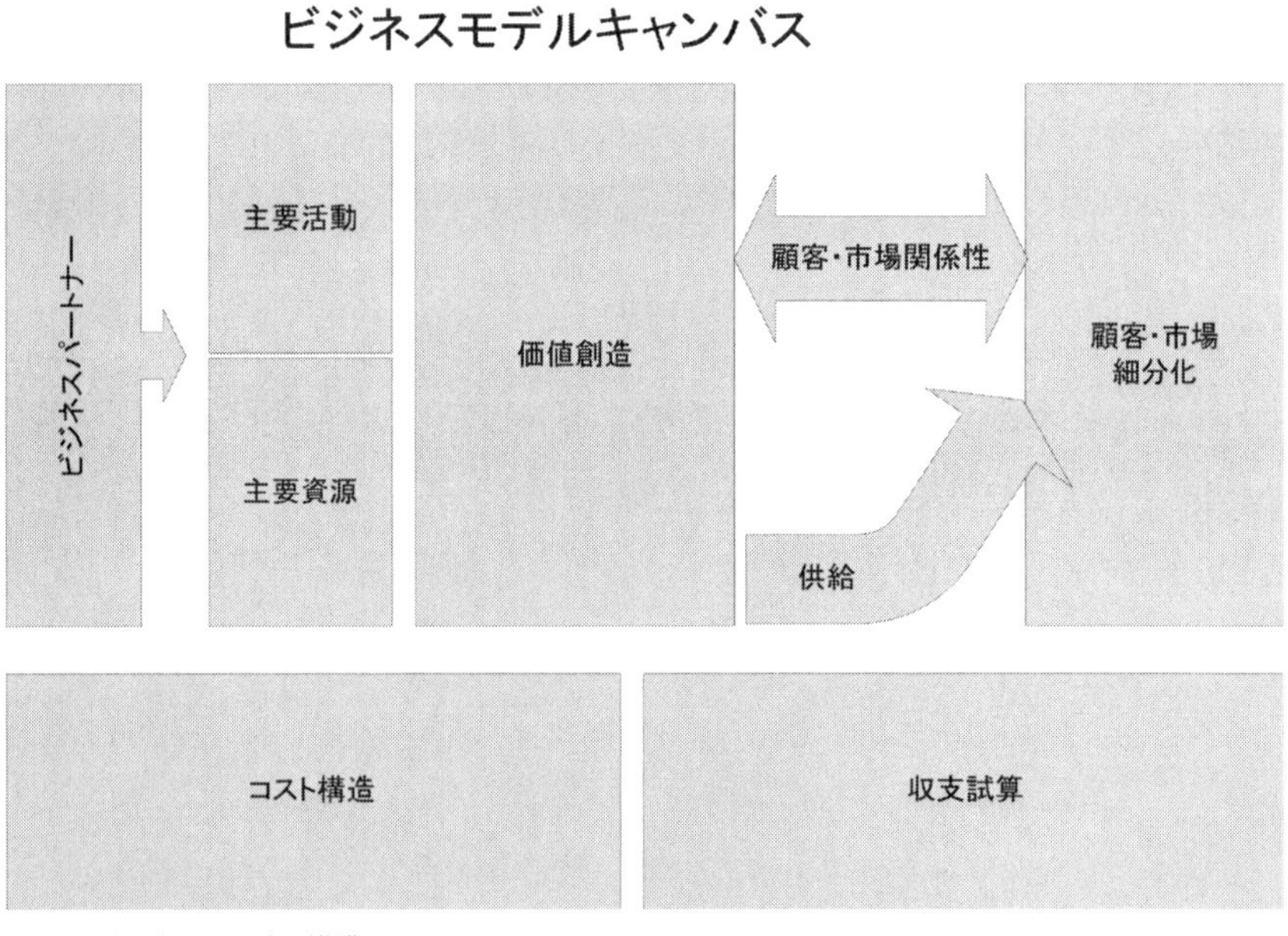

図1：ビジネスモデル構造

らないビジネス計画のメインである。

初めに市場に対してどのような価値を創造するのかを決定する。世の中に全く存在しない初めての発明のような価値である必要はなく、すでにある商品サービスの改良版でも良い。市場や顧客から選ばれる理由と要素を整理すれば良いのだ。そしてそれらを製造し、市場や顧客に普及、伝達するためのどのような活動をどんな経営資源で行うのか、ということが定まれば、残りの6つのプロセスや役割を順番に構想してゆくことでビジネスの全体像が定まることになる。この9つのパーツで構成されるビジネス理解は、ビジネスモデル・キャンバスと呼び多くの実務テキストで紹介されている。

コスト構造も収支計算も合わせ検討するわけであるから、万全な経営計画、ビジネスプランとなる要素がすべて述べられていることになる。

そこで、最も重要な要素が価値の創造というメインテーマである。

ビジネスパートナーや市場顧客マーケットとの関係性を示すと、次の図のような矢印で結ばれていることがわかるだろう。

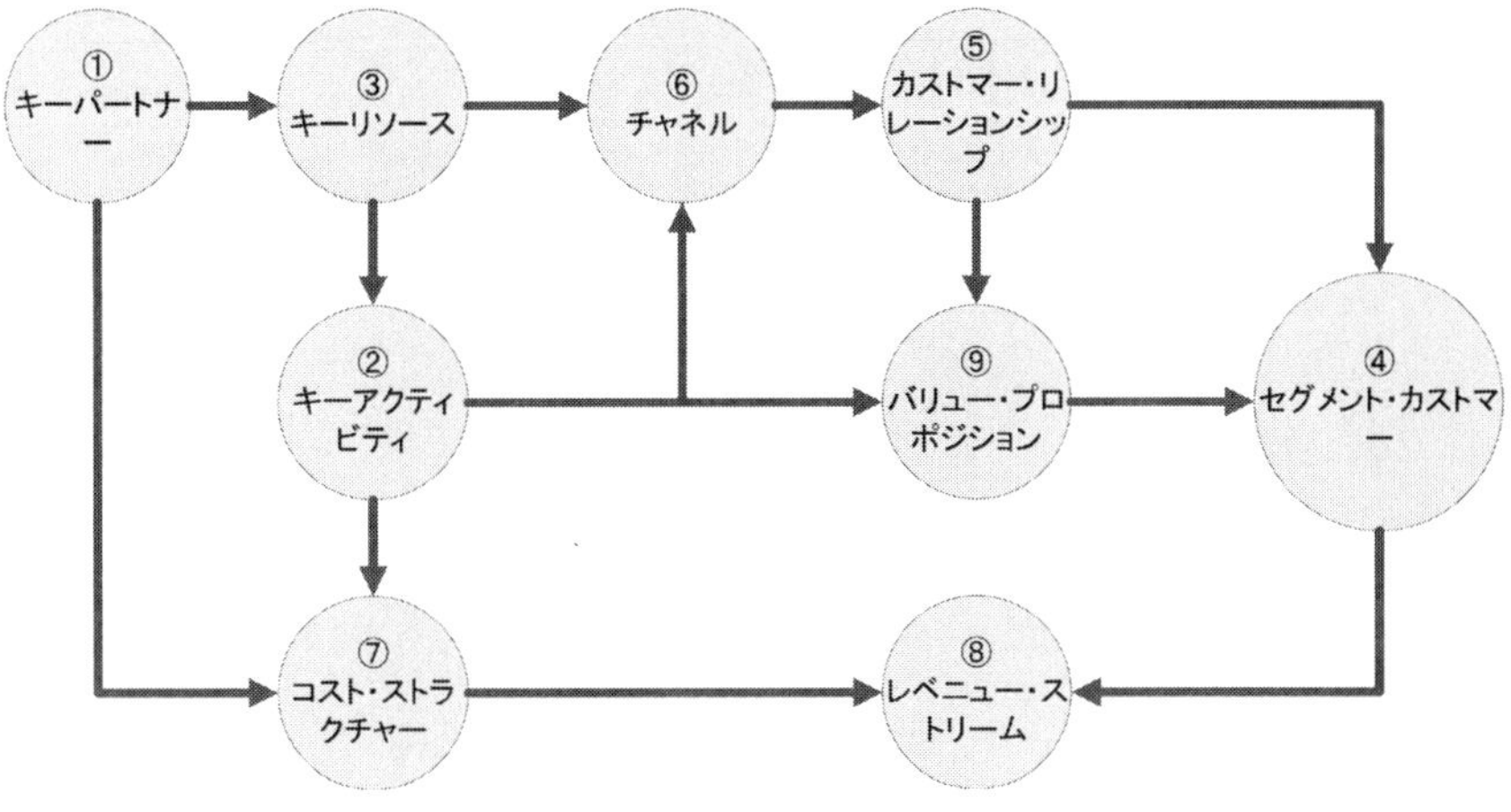

図2：ビジネスパートナー・ネットワーク構造図

①自社のパートナー企業
②自社の主な活動
③自社が利用できる主な経営資源
④市場で明確に識別される顧客群
⑤その顧客との関係を維持するしくみ
⑥顧客へのアプローチやパイプ
⑦商品サービスを提供するためのコスト構造
⑧売上や利益などの収益構造
⑨継続的にビジネスが行える価値の提供

捉え方は様々であろうが、最も重要な点は次のように、継続できるビジネスかどうかという点にある。

誰が買うのか、なぜ買ってもらえるのか？

物流・ロジスティクスでモノやサービスの保管や配送は想像できるが、繰り返し継続して買って貰うためにはどんな条件が必要なのかまで思いが及ぶと、答えは見つかりにくい。たった1回、一個だけ売れればおしまいであるというビジネスはない。たくさん、繰り返し、いつまでも買い続けてもらうためのマーケティング全体の理解が絶対に必要なのだ。その想像力が足りないから、ビジネスモデルで自信を持って収支計画まで創ることができないのだ。モノを買うことの動機や意味に思考が広がってゆくと、**「なぜ買うのか」**という相手の立場を想像できるようになる。

モノにはどんな価値があるのか？

モノを売る時には価格を真っ先に見るだろう。今、世の中にどれほどの種類のものがあるかは分からないが、コンビニには3000種類、スーパーには1万点以上の商品があふれている。しかも同じような商品が100円ショップにも存在している。モノを作る時に100円ショップで売るモノを初めに考えるヒトは少なく、なるべく高く売りたい、頃合いの良い価格で売りたいと願うものだ。そのためには価値が必要だと気づく。

そもそも価値とは何か？

従来までの価値論は機能と価格で示されていた。商品の特徴というのがこの視点でしか見られてこなかったからである。**価値＝機能／価格**という式で示され、商品は機能と価格で比較されてきたのである。

ところがダイヤモンド効果（希少性と高価格が価値を高める）や芸術品などが普段の生活シーンにも登場するようになり、価格と機能だけでは説明がつかない商品や製品が見られるようになってきている。

それほどまでに価値とは多様化しており、一意的に定める事ができなくなっている。特に一般消費者が購入するような消費財には、愛着や蘊蓄のような、そして「カワイイ！」などと人によって全く尺度がない要素もあり、そのために消費財の価値多様化の研究が行われ、現在28分野に渡ることが報告されている。

消費財の認識	
自己表現	希望
	実現
	動機
	資産継承
	帰属、キヅナ
感性の領域	幸せ
	ご褒美
	懐かしさ
	デザイン美観
	象徴
	健康
	癒やし
	娯楽
	魅力
機能性表現	節約
	簡素化
	利益
	リスク
	整理整頓
	統合
	軽減
	面倒回避
	品質
	バラエティ
社会性意義	公共性
	成長成熟
	持続性
	安全安心

生産財の認識	
直観要素	ビジョン
	希望
	社会的責任
最低要素	仕様合致
	容認価格
	コンプライアンス
機能要素	売上拡大寄与
	コスト削減効果
	品質
	拡張性
	革新性
使用者要素	人脈効果
	市場性
	評判
	デザイン美観
	成長自己啓発
	活気と親しみやすさ
生産性	時間節約
	労力軽減
	複雑回避
	情報
	透明性
アクセス	入手確保
	バラエティ
	環境対応
関係性	即応性
	専門知識
	安定性
	企業文化相性
運用	整理整頓
	簡素・単純化
	連携強化
	統合性
戦略	リスク低減
	リーチ能力
	柔軟性
	部品品質

図３：価値とは何か消費財と生産財の認識違い

かたや工場や生産製造に必要な原材料となる生産財は、もう少し基準が定まっており37分野が確認できている。生産財とは製造工程を経て最終製品となる中間製品のようなものであり、原材料としてみなしても良い。

このような価値を含んだ商品や製品を消費者や購買の現場に送り届ける事で、そのものが持っている価値が表出することになる。届けなければ無用の価値であるから、在庫や配送という物流・ロジスティクスは価値の体現活動と呼んでも良いだろう。そこには現状を保証するような品質の重要性が含まれているのだ。

このようにビジネスとは、市場に対して価値の提供を行うことが原点となる。するとパートナー選定や活動の内容、それに必要な経営資源の獲得がビジネス構想に重要な要素となる。同時に市場の顧客選択や関係性の維持獲得、そして肝心の商品製品の配送という物流・ロジスティクスが一体となって、初めてビジネスが成立することになる。このビジネスモデルについて詳しくは後節で取り上げるが、ビジネスもマーケティングも物流ロジスティクスがなければ始まらず、ましてやマーケティングや攻めるための戦闘は始まらないことに気づくであろう。

現在の産業がこのようなモデルで示されており、産業や業種というものが実は生産財という素材に縛られてしまっている事に気づくと、産業連関や業種・業界の好況不況に関わらず、物流・ロジスティクスの持つ優位性に関心を集める事ができる。建設業、鉄鋼業、食品業、日用雑貨業など、すべてが原材料によって識別されており、景気動向は素材に影響を受けている。もしビジネスモデルが景気変動や為替の影響などに直結する原材料素材から離れることができれば、それは産業や業種ではない全く新しい新産業となれるわけだ。自社の業界習性から抜けられずに迷うなら、家庭用品大手のアイリス・オーヤマを見て欲しい。

はじめに押入れスノコという木工商品から、透明プラスティックの衣装ケース、次に調理器具と家電用品、食料飲料などへ発展し、そしてＬＥＤ照明器具の家電最大手まで躍進している。まさに原材料素材から完全に離れたメーカー（実際には生産委託、ＯＥＭ商品供給）であり、家庭用品市場という消費生活者への直結を果たしたビジネスといえるのだ。

アイリス・オーヤマを語るには商品開発能力や外部生産工場のアウトソーシング能力までを見なければばならないが、いずれにせよ原材料素材から離れた新業態といえるのではないだろうか。そして新たな需要と供給を司る物流ロジスティクスに長けていることだけは確かである。生活者が求めているあらゆる価値を商品として体現し、ごっそりとすくい上げている企業ともいえるであろう。

第3節 商品交換で儲ける（ＳＤＧｓ循環型社会での条件）

商品の価値と価格は常に比較される。では世の中の商品原価はいくら位であろうか。Apple社製のiPhoneの部品製造原価は30％を下回るようであり、高級機種では売価は10万円を大きく越える。国産部品メーカーはiPhoneのような高価格、低原価の構造を維持できるビジネスモデルにホゾを噛んでいるようだ。

その他低価格の商品群では驚くようなアイデア商品や雑貨が１００円ショップにあふれる中で、販売による交換差益の獲得には途方も無い競争がある。高価格であれば、高級ブランドファッション製品もあり、好調な売上を獲得しているという。同じファッション製品でも、若者にはタダでもいらないと言われそうな商品は何回もバーゲンを経ても結局は売れ残り、生産数量のおよそ半分は焼却廃棄されているという。半分が売れ残るという前提での価格設定は、ビジネスの成立はとても難しいだろうと心配になる。

食品関係の廃棄ロスも異常に多く、最終的に廃棄される量を見込み、それを前提としての売価設定は異常事態といえるだろう。捨てるムダ、作りすぎるムダがなければ、売価や原価は今以上にリーズナブルになるはずである。

原材料資源の節約やムダの排除は地球全体から見ても緊急課題といえる。国連が提唱するＳＤＧｓ(Sustainable Development Goals（**持続可能な開発目標**）)は、これからのビジネスに欠かせない重大な制約であり、社会や消費者に対する誠実さの証明になる。持続可能な社会のために、エネルギーや原材料資源その他をムダなく、再利用可能な方法で生産や流通に向けるなら、今までのような大量生産大量消費、同時に大量廃棄とつながるものづくり、流通

図４：SDGsイメージ

の構造は転換しなければならない。

商業を学び始めると、入門編では仕入原価、販売管理費、粗利率、マージンなどの収益構造の公式を習う。商業、小売業の最も重要な商品価格については、「**市場や競合との差別化、顧客が望む価格**」というキーワードがある。売るべき商品は、常に価格先行で企画しなければならないという意味だ。原材料製造コストの積み上げであるプロダクト・アウトの設計ではなく、市場や消費者が許容する価格という意味のマーケット・イン設計に基づく商品づくりが求められている。そう言えばマーケティングの解説や基本の情報に4Pということがあったのを覚えているだろうか。すなわち、Product、Place、Price、Promotion の頭文字から来ているものであり、それぞれ（優れた）商品、販売する場所（チャネル）、価格、販売促進（広告、キャンペーンなど）が需要であるという原理だ。価格が異なればマーケティングは成功しない、そもそもマーケティングという理論は「失敗しないための基礎理論」であるから、価格設定は市場との兼ね合いで決めるべきものなのだ。

１００円ショップのマーケティングを考える際には、顧客が望む１００円でこの商品を売るためには、一体どんな原価構造になるのか。どこで製造すればよいのか、１００円で売るための商品づくりに、公式やお手本はどこにもないだろう。それを実現しているのが１００円ショップビジネスを取り巻く人々の価格破壊という意気込みとパワーなのだ。実際には超大量の生産と世界中にまたがるグローバル・サプライチェーンで圧倒的な低価格原価を実現して、その成果が街にはあふれているのだ。

金儲けのために商品とカネを交換し、差益を稼ぐには、モノの製造と流通、物流・ロジスティクスの活用が必要になる。モノを作るには原材料資材を集め、機械に投入して加工する場所としての工場が必要になり、自動車のような大量の部品を使う工場では、工場内部での材料移動や半製品の在庫管理などの物流ロジスティクスがキーワードになっている。

商品を大量に流通させ、販売して差益を得るには、途方も無いビジネスプロセスが欠かせないことを理解すると、そこには物流ロジスティクスが重要な役割をになっていることに気づくはずだ。

ＳＤＧｓの理念に従えば、原材料資源や製造に関わるエネルギー資源を節約し、製造物の流通においてはロスや廃棄を避けて、しかも消費完了後の商品は積極的にリサイクルや再利用によりゴミゼロ、ゼロエミッションを目指さなければならない。そのためにも生産から消費、リサイクル全体像を理解して、適切公正なサプライチェーンを回しながら、同時に収益を確保するという絶妙なバランスが必要になる。

モノの流れをコントロールしながら収益キャッシュの極大化を目指すのがビジネスプロセスであり、経営機関における部門統合、情報連携、データ追跡と商品のトレサビリティが必要になるのだ。

これからの時代ではどこよりも安く作り、納得のゆく品質と価格で大量販売すれば良い、という基本理念だけでは今後の競争社会を生き抜くことはできない。競合との比較競争だけでなく、社会が求める公正価値に合わせて、適時適量の商品供給でロスを防止し、同時に使用資源の最適化とゴミゼロを目指す、大きな設計図と構造を理解できなければならないのだ。

販売と利益の公式　G = mPQ-F

Ｇ：利益　ｍ：粗利率　Ｐ：商品価格　Ｑ：販売数量　Ｆ：販売固定費

商品交換によってカネを儲けるには、商業知識としての原価、粗利、マージン、固定費、販売数量、売価、利益の関連公式を理解しなければならない。そして、物流・ロジスティクスは商品生産に関わる絶え間ない活動と在庫管理、販売に関わるすべての領域をカバーすることが求められる。

この公式では、売上高ＰＱに対して、販売粗利益率ｍを利用すると、販売総利益がｍＰＱで示される。販売に関わる人件費や物件費などは主に固定費であるから、ｍＰＱという総利益から固定費を控除すると利益が求められる。極めて簡便な公式だが、利用価値はシミュレーションにある。

つまり、平均売価、販売数量、獲得マージン、固定費用の増減などの複数要因によって、獲得利益がどのように変化するかのシミュレーターなのだ。

Ｑ１：利益率が売上の５％になっている商材の売価を10％下げると、利益はどう変化するか

Ｑ２：利益率が売上の５％になっている商材の売価を10％下げても、利益が変わらないようにするには固定費をどれだけ抑制しなければならないか

Ｑ３：利益率が売上の５％になっている商材の売価を30％下げ、数量を20％増やすと、利益はどう変化するか

このような状況判断や環境変化に応じたシミュレーションが簡単にできるのが公式の便利な点である。

単価１０００円の商品を１０，０００個売れば、売上は1千万円になる。売上マージンの粗利率が20％で固定費が１００万円なら、利益も売上比率10％で１００万円になる。

＜STRACシミュレーション表＞

mPQ-F=G　粗利額ー固定費＝営業利益

G：利益　P：単価　Q：数量　m：マージン率　v：変動費率　F：固定費

A表　※売価を3割下げると利益は6割減る

mPQ-F=G	モデル式	シミュレーション	変化率
P：平均単価	1,000	700	70.0%
Q：販売数量	10,000	10,000	100.0%
PQ：売上	10,000,000	7,000,000	70.0%
m：マージン率	20.0%	20.0%	100.0%
v：原価率	80.0%	80.0%	100.0%
vPQ：原価	8,000,000	5,600,000	70.0%
F：固定費	1,000,000	1,000,000	100.0%
G：利益	1,000,000	400,000	40.0%
営業利益率	10%	6%	57.1%

B表　※利益を確保するには4.5倍売る必要がある

mPQ-F=G	モデル式	シミュレーション	変化率
P：平均単価	1,000	700	70.0%
Q：販売数量	10,000	14,500	145.0%
PQ：売上	10,000,000	10,150,000	101.5%
m：マージン率	20.0%	20.0%	
v：原価率	80.0%	80.0%	100.0%
vPQ：原価	8,000,000	8,120,000	101.5%
F：固定費	1,000,000	1,000,000	100.0%
G：利益	1,000,000	1,030,000	103.0%
営業利益率	10%	10%	101.5%

図5：STRAC会計シミュレーター

ところが売れ行きが良くないので、売価を30％下げて７００円とすると、その他の条件が同じであれば利益は40万円まで下がることになる。60％の減少を予想できただろうか。

そもそも売価を下げれば販売数が伸びると予想されるわけだから、同じ利益を確保するためにはどれほどの数量を売らねばならないかを想像して欲しい。単価を30％下げたのだから、と考えると販売数量も30％と勘違いしやすいが、実際には45％増の販売をしなくてはならない。５割増しの販売をこなすには、固定費面でも不安材料が出てくるだろうが、シミュレーションではこのような結果となる。

さて、これは仮説として、売価を下げたけれども仕入れ価格も粗利益率操作によって変わらないと仮定していた。実際には売価操作は販売都合であり、すでに仕入れている商品の原価は確定しているはずである。所与の条件では原価は８００円、売価は１０００円だったが、売価操作を行い新売価７００円としても、すでに仕入れている原価は８００円で変わらないはずである。すると、全くの大赤字になってしまう。原価を下回って販売する無謀さは避けなければならず、値下げ幅は原価と見合いながら決めなければならないことに気づくだろう。このような価格操作、原価やマージンの変化、固定費の調整や販売数量の拡大計画など、利益獲得のためには様々なファクターを慎重に検討しなければならない。

上述のようなシミュレーションは、販売担当や物流・ロジスティクスの担当者は日々直面する問題であろう。もし、無頓着に売価や数量を大幅に変更すれば、利益額は激減するだろうし、物流面でも大混乱も避けることはできない。事前に正確なシミュレーションが欠かせないから便利なツールとして活用して欲しい。

コラム　物流不動産とは何か　no.2

倉庫は供給過剰ではないか？……いいえ、需要があるのです。しかも、その理論は純粋な金融方程式に基づいているのです。

長く続く日本の低金利政策が、不動産投資が実は安定事業となっているのです。かつて日本が経験した土地神話、土地バブルの反動によって、土地政策そのものが様変わりしました。短期売買での土地投機を防ぐために、特別な法人による土地取得が税制面や運用活動に便宜的な制度が出来上がったのです。SPC、TMK、不特定ファンドなどはその代名詞で、不動産を長期的な運用と遊休化している不動産取引を活発化させるために導入された制度です。これを利用すると、低利の資金を大量に投下して遊休不動産を開発し、その施設を不動産の賃貸契約という月次キャッシュ・フローに展開することで、借り入れ金利と賃貸収益に確実なメリットが生まれます。これが低金利下のイールドギャップ（実際利回りが貸出金利を上回る状態）と呼ぶものです。

しかも、開発物件は確定利回りを倉庫物件の性能とみなして、完成した物流施設そのものが稼働中の状態で売買につなげます。イールドギャップを利用して、完成物流施設を投資運用先に埋め込む投資基金や年金基金の運用機関が目ざとく投資購入を続けているのです。

P.069へつづく➡

第3章

在庫と交換原則

古代の物々交換から近代の貨幣や信用取引による決済が始まり、急激に市場での取引は拡大してきた。これが物流・ロジスティクスの成果といえば言いすぎだろうか。時間を越える取引は備蓄や予約で資金の手当てが可能となり、国境を越えた貿易では間に金融機関や保険会社が介入することで、見えない相手の信用を保証している。交換が双方にとって金儲けの原点となっているのは、周辺に様々な機能が信用と安心を補っているとも言えよう。

備蓄品や予約品は取引相手にとって**「在庫」**と呼ばれるが、流通に欠かせない在庫問題は現代でも解決できない多くの課題を持っている。つまり、買い手にとっては必要であり、十分に確保してあることが前提ではあるが、売り手にとっては資金の滞留、資産の固定化、在庫保管による様々なリスクがあり、注文に対しての在庫不足がある反面、時期を持ち越しても売れ残る過剰在庫、それにともなう不良化や陳腐化という問題をもたらしている。

在庫は売り手にとっては、**「未実現利益」**と呼ばれており、極めてはかない存在であることが象徴的でもある。(在庫は自分にとっての原価であり、売れれば利益をもたらすが、売れ残り保管されているだけなら追加コストが掛かるだけ、という意味で利益は実現できておらず、いつまでも売れなければ利益を越えるコストが掛かる危うさもあるという意味である)

商品交換や原材料からの製品加工・製造によって、差益利益の獲得を目指すのが製造と流通であるが、そこにはどのような原則があるだろうか。

一般には交換原則の原理は、希少性や時間、空間の格差を埋めることが交換の目的になっている。例えば、工業製品である金属家具や自動車は、消費者が自らの大工仕事で製造することはできない。食堂テーブルですら、木工や工具で作ろうとすれば原材料用具と作業場所の利用料、工程の時間コストから計算しても、数十万円の経費でようやくテーブルらしき形となるだろう。到底、3万円以下でホームセンターや家具店に陳列されているような商品と同等のものを作り出すことはできないだろう。

なぜ、低価格で販売しても、メーカーも流通小売店も利益を獲得できるのか。改めて考えてみれば不思議ではないだろうか。その理由を列挙できるであろうか。

製品商品を販売することによって利益獲得ができるのは、その原価構造にある。29800円の食堂テーブルは専門的技能と設備投資、熟練の運営経験から1万円程度の製造原価で成り立っているだろう。小売店舗へは2万円程度で卸売りを行い、我々消費者が29800円でお買い得だと手にするのである。

このような原価、卸値、売価という価格の系統があって、製造流通小売販売のビジネスが成立しているのは、当たり前のようであるが、実際には微妙なバランスであることに気づく。

第1節　原価はどのように下げられるか

商品交換により利益となる売価と原価は、市場や顧客が認めてその差が大きければ大きいほどビジネスは有利になる。仮に家具製造と販売店、消費者の3段階で価格提示がされているとしよう。

初めにどのようなビジネスでもモットーと言われている、QCDについて説明しよう。

Q：Quality　品質最優先
C：Cost　**そして提供するコスト（原価と売価）**
D：Delivery　**納期と確実な数量（物流・ロジスティクス）**

さて、この中でコストについての検証を進めてゆく。同じような原材料品質の素材や商品について、コストダウンを図るにはどのような取組みが重要となるだろうか。

製造業であれば調達原料のコストダウンと製造工程そのもののコストダウンとに分かれるだろう。流通業であれば、仕入れ価格の交渉が必要になるだろう。原材料価格、仕入れ商品価格のコストダウン交渉に欠かせない、ある共通の尺度や視点があることに気づくだろうか。

それは、**単位量と時間**である。

価格を左右するのは量と時間、ということの意味を考えてみたい。

一個より1ダースが単価では得である（↑数量を増やす）
明日の納期より、来月納期のほうが安くなる（↑時間を増やす）

この理由は説明する必要もないだろう。量をまとめて、引取や納品を遅らせれば安くなる経験則があるはずだ。そして、提供側のコスト視点も「**数をまとめてくれて、納期もゆっくりならば安くする**」という商習慣があるだろう。この背景には、実はエネルギー原則があることに気づくだろうか。

E=mc^2（エネルギーの公式：エネルギーは質量（重量）mと光速cの2乗に比例する）

生産活動であれ商業活動であれ、すべての活動にはコストで示されるというエネルギーが必要になっている。物理学ではエネルギーは、質量（重量）と速度の2乗に比例するのがアインシュタインの法則である。

つまり、活動におけるエネルギーは、納期を早めればその2乗の追加コストが必要となり、それは生産速度や輸送速度に直結している。（生産を急げば歩留まりも下がり、全体の原価があがる。場合によっては生産設備を増やさねばならない。輸送も急がせれば速達料金が必要になるというものだ）

量がまとまると、それは質量・重量に関わり、正比例でエネルギーは増えるが、商習慣から言えば取引が増える量の拡大は、伝票コストや輸送コストが単位的に割安となり、単価を下げる方向に向かうだろう。

そこで、原価を下げるには**速度を下げて、量を増やす**という交渉術や運用の方法論が重要となることに気づくはずだ。

要素を速度だけに視点を当てて、再び検討してみたい。

生産や調達の速度を下げるとは、前回条件よりも遅く、少なくということになるだろう。先週よりも遅く作れば、生産コストは下がるはずだ。逆に先週よりも早く作ろうとすると、工数を増やしたり、歩留まりが下がるので生産コストは増えることになる。生産・購買活動を週で比較してみると、速度を下げると生産量・購買量が減り、コストも下がることになるだろう。

逆に活動を早めれば、先週よりも上がり、コストも増えることになる。

それをイメージ図解したものが次の図である。

この図は、縦軸が量を表し、横軸が速度を表す。生産・購買面から見たときには、先週よりも速度が遅いとコストが下がり、量が少なくなる。

縦軸を量から速度に変換してみると、需要や販売面から見た際の速度との関係になる。需要や販売を遅らせればコストは下がり、急がせれば売上はあがるがコストも増えることになる。先週よりも多く売るためには、例えば値引きなどのコストを掛けることが必要になるからだ。

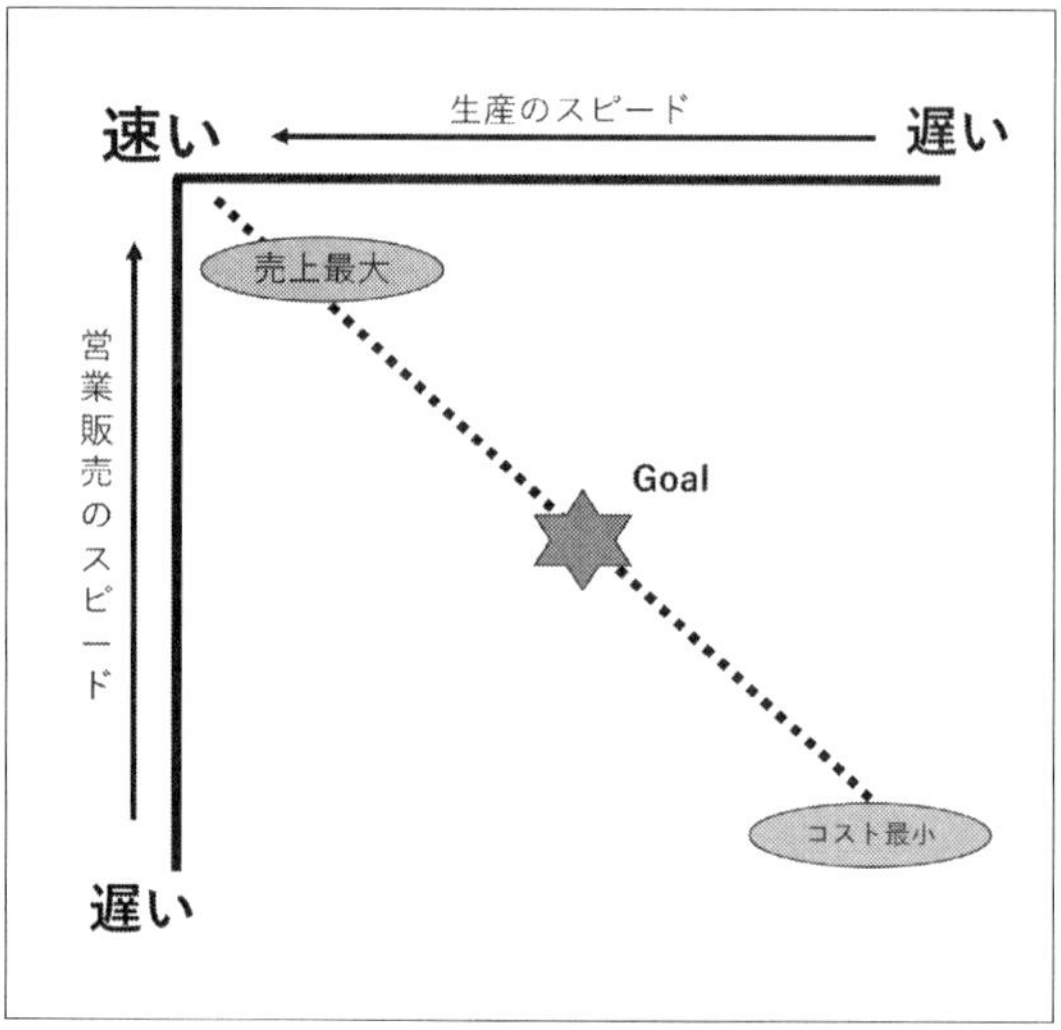

図6：単位速度と売上、コストの相関図

原価を下げるためにはこのように、調達や生産の速度（前週との比較）を操作することで可能になる。このように原価は売り手買い手、生産側、仕入れ側の双方にとって、急げばコストが上がり、遅らせればコストが下がる原理を理解できるだろうか。

もちろん、さらなる原価抑制には量の拡大が関わるわけであり、このように原価を下げるための量と速度は物流・ロジスティクスの重要な要素であることに気づいてもらいたい。

第2節 粗利を増やすには

粗利＝売上総利益の計算は、

当期売上高ー（期首在庫＋当期仕入高ー期末在庫）で計算する。つまり、粗利益の計算には棚卸高、在庫量が重要な要素になっている。

わかりやすいように、仮の数字を当てはめてみる。

当期の売上高 1億円 期首在庫は3000万円 仕入高は7000万円 期末在庫は2500万円 とすると、売上高に対する売上総利益額は

1億円ー（3000万円＋7000万円ー2500万円）＝1億円ー7500万円＝2500万円となる。

もし、当期在庫がさらに少なく2000万円だったとすると、1億円ー8000万円＝2000万円となる。

当期在庫が少なくなると粗利益も減少する ということになる。これは在庫額が粗利益額と相殺されたことを意味している。売上が同じ一億円でも、値引きなどで量を増やして売ることで在庫は減るから、在庫減少は粗利益減少となるわけだ。

経営決算上の売上総利益を増やそうとするなら、決算前に仕入れを増やして上記条件で当期棚卸額が3500万円だったとすると、

1億円ー6500万円＝3500万円となる。（利益は在庫と同等である、という意味にもなる）

粗利額の計算では、上記条件式のように当期の仕入れを増やし、結果としての当期在庫を増やすことで売上総利益額が膨らむことになる。

期末在庫の状況によって粗利額が変わる、つまり粗利は在庫と同じとみなすことができるのだ。

前述した在庫は未実現利益と呼ぶ、というのはこのようなことなのである。

物流における棚卸作業の精度を財務経理部門から強く求められるのは、このような背景があり、売上総利益によって財務会計、税務会計の結果が大きく左右されてしまうからなのである。実地棚卸で大きな数え間違いが生じると、売上総利益が左右され、決算申告に問題が生じてしまう。

売上高、仕入高は相手があるために、伝票や契約書、証憑などで確定金額を証明することができる。しかし、在庫額は自社や業務委託先がカウントして計算（コンピュータでの処理）するために、相手がなく証明することが極めて難しい。だからこそ公認会計士や税理士の立ち会い、抜き打ち検査などが重要となるわけだ。

さて、このように自社の粗利額を増やすには仕入れを増やし、相対的に在庫を増やすことで実現できることがわかると、財務経理や仕入れ部門は在庫増加にも余裕を持つようになる。もしくは、在庫増加について総論抑

＜粗利額と在庫の関係＞

単位千円

	ケース0	ケース1	ケース2	ケース3
売上額	**100,000**	**100,000**	**100,000**	**100,000**
期首在庫額	**30,000**	**30,000**	**30,000**	**30,000**
当期仕入額	**70,000**	**70,000**	**70,000**	**70,000**
期末在庫額	25,000	30,000	20,000	35,000
売上総利益	**25,000**	**30,000**	**20,000**	**35,000**

図7：売上粗利額と在庫

制、各論賛成となって在庫削減の意欲や意志のベクトルは中断することになるわけである。

大量仕入れ、在庫抑制の注力を下げることで、企業業績の粗利額は増えることになるからである。さて、ではなぜ在庫削減を目指さねばならないのか。この解説は後の節で行う。

第3節　付加価値の原点

ビジネスロジスティクスを活用して企業付加価値を高めるには、まず裁定取引（アービトラージ）という手法を知らねばならない。裁定とは、価格差の生じる時期、地域、利権、商圏、商材の特徴を瞬時に捉えて、果敢に立ち向かい、チャンスを獲得する商法そのものである。まさに物流・ロジスティクスの機能を全活用して行う戦法であり、日本では総合商社が最も得意とする商法である。

大企業でなくとも専門商社は貿易や各国事情を通じて、様々な裁定取引を実現させてきた。一般の製造流通業であっても、裁定の発生する場面を模索して、価値の源泉を追い求める貪欲さが必要であろう。

さて、付加価値とは自社の工夫によって獲得できる価値、利益、差額であるが、産業別にもこの特徴は物流・ロジスティクスの機能で整理できる。

- **●第1次産業：**収穫と販売の時間差を裁定にして、一時保管、備蓄、輸配送機能を活用する
- **●第2次産業：**原材料の調達と生産工程への支給バランスを物流・ロジスティクスで活用する

●**第3次産業：**サービス業はタイミングで消費する再生産不能な産業（同じ品質のサービスを提供することが難しい）だが、付帯事項や付属品などの物流・ロジスティクスが活用できる

●**第4次新産業：**情報産業とも呼べるが、金融も含め紙や伝票、データ機材など、物流・ロジスティクス活用によって規模の拡大が図れる

付加価値の基本的な考え方は、原材料資源に工程を加え、仕入れ価格よりも高い価格設定を行うことにある。各種工程には技術使用料（特許費）、機械費用（減価償却費）、工賃人件費、管理費などが含まれる。製造業では一般に、マシンフィー、タイムチャージなどと呼んで、時間当たりの機械コスト、人件費コストを原材料原価に加算して総合原価を計算している。

工場内部では原材料の送り込み、中間生産品の在庫、各工程への機材部材の送り込みなど、物流・ロジスティクス活動が随所に見られるはずである。工場内での部材原料の運び方は、ミズスマシと呼ぶ独特の動きがある。このように付加価値を左右するのは、物流・ロジスティクスの巧拙に掛かっているともいえるだろう。

特に製造業では、中間製品の在庫が問題視されている。各工程間の能力のばらつき、つまりは時間当たりの生産性の違いが生じると、工程と工程の中間には仕掛り在庫が生じることになる。

A工程がB工程よりも速く済む（生産性が高い）とB工程待ちの仕掛在庫品が積みあがることになる。これは、一時的に解消できれば問題はないが、翌日持ち越しや保留状態が長引くにつれて、在庫であるから三悪化（欠品、不良、陳腐）する恐れが生じる。

工程の能力、生産性を正確に把握して、全体の処理能力を同期化することで、全体の在庫を減らし、ムダ

をなくすことに着目したのがＴＯＣ（Theory Of Constraints：「**制約理論**」または「**制約条件の理論**」）というものであり、実行するには物流・ロジスティクスの作業が重要となる。

つまり、各工程の生産性を把握して、原材料部品の送り込み量のタイミングを図ることが重要になる。それにより、仕掛り在庫を極限まで抑制して、工場全体の在庫コストの削減を図れることになる。

ＴＯＣの紹介はゴールドラット博士の『ザ・ゴール』に詳しく述べられている小説シナリオに書かれているが、その理論体系は時間と能力、キャッシュの源泉について解説されており、非常に興味深いはずだ。

独特の主張である生産性を高めるには、という質問に対して、限られた時間の中でのアウトプット極大化を目指すには初めに「**学生症候群**」を排除せよとある。

学生症候群とは夏休みの宿題消化のように、期限ギリギリになって慌てて着手するために、品質が下がり、結局は疲労エ

＜学生症候群　シゴトのやり方＞

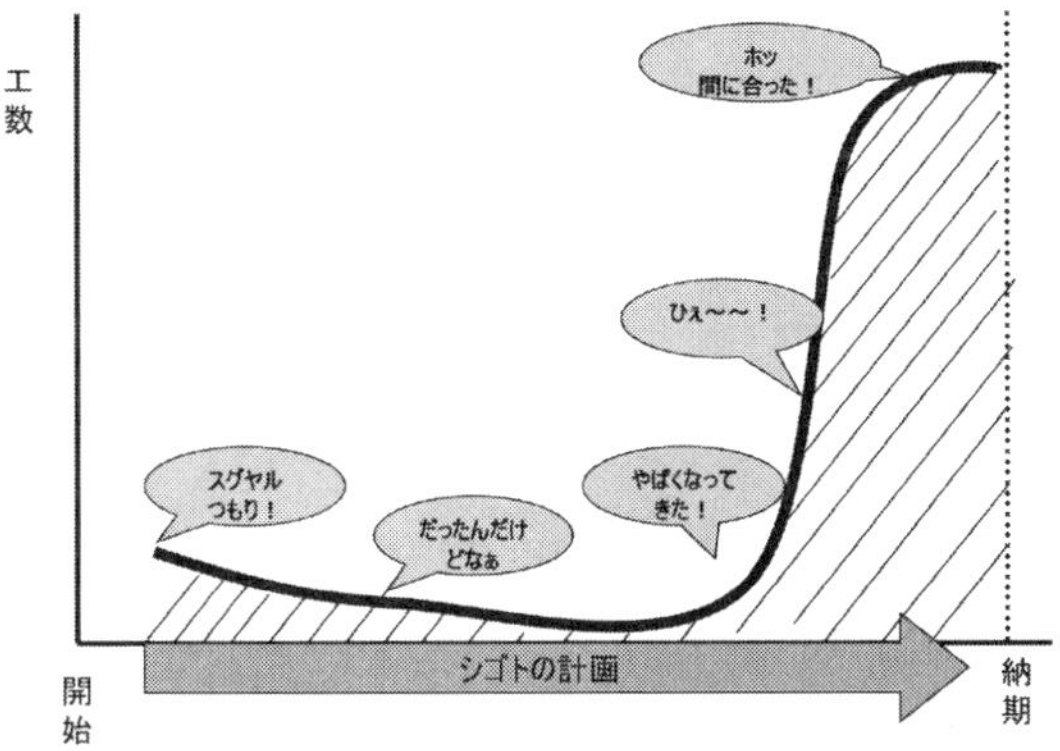

＜余裕は後で。60％でさせる法＞

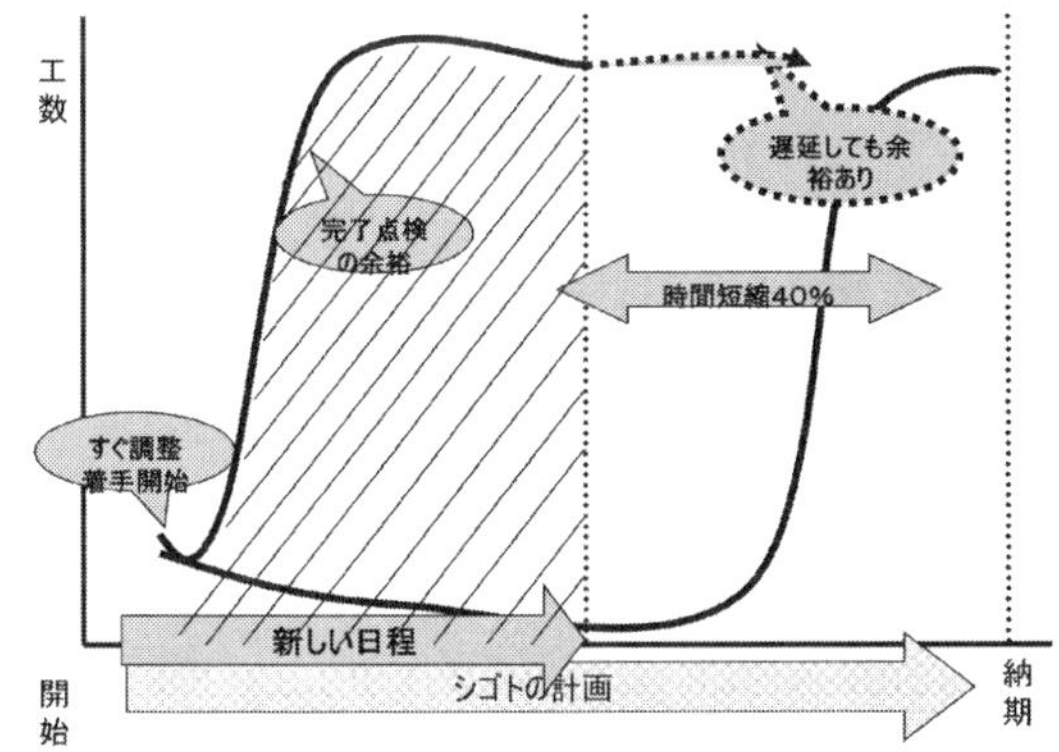

図８：学生症候群のイメージ

ネルギーも消費しすぎるという生活経験を取り上げているものだ。

早く始めれば早く終わるものの、夏休みの宿題などはギリギリまで手を付けずに大慌てで追い込み、仕上げる癖のことを「学生症候群」と名付けている。

この症候群の悪いところは、学生から社会人になってもそのくせが抜けきれないところにあるという。


会社の内部で周りを見ていると、確かにその傾向はあるようだ。作業や仕事の依頼があると、納期や仕上がりの見込みを話しているが、そこには学生症候群特有の「先送り」の傾向が見られる。

つまり、預かった仕事や作業は直ちに開始することなく、一旦預かりという保留状況が長く続くのだ。そして納期が近づいてから、慌てて着手して一気に仕上げるという習性が残っている。

これは、理由としては重複業務や前受している業務があるからだ、ともいえるが、実際には症候群の癖が残っていることにあるだろう。

タイムキーパーという役割がテレビ番組や映画製作の現場で重要な役割をになっている。それは、時間にきっちり合わせた仕事が必要だという理由だが、タイムキーパーを職場に持ち込むとどうなるだろうか。

だらだと保留状況を回避して直ちに始める、すぐさま取り掛かるという命令やきっかけをタイムキーパーが行えば、納期は60%程度に短縮できる、というのがゴールドラット博士の主張にある。

もっともな可能性のある主張であり、生産性尺度の時間短縮を学生症候群回避によってなせれば、生産性は一気に高まることが明らかであろう。もちろんすぐさま着手するためには、準備や段取り、必要機材の取り揃えという物流・ロジスティクス面でのサポートが欠かせず、その意味でも生産性向上への大きな役割を見出すことができるのだ。

第4節　出力と販売の速度理論

物流・ロジスティクス活動によって、原価や売上総利益が左右されることが理解いただけただろう。今度は供給面から、生産の出力や販売の活動にこの速度の概念を入れるとどうなるかを検証してみたい。

先週よりも早く生産する、早く販売する（多く販売する）ためには、コストアップ要因が必要になることを説明する。まず生産・購買現場で先週よりも多く出力するためには、機械工数を増やすか要員を増強しなければならない。販売量を増やして販売量の速度を上げるには、値引きや拡販費用というコスト負担を行うことが近道だろう。

すると出力や販売を急ぐとコストが掛かる、コストを掛けて速度を上げることが可能になる。生産にせよ、販売にせよ売上を上げるには、速度を上げる必要があり、そのためにはコストを掛ける必然があることを確認しておきたい。

出力を上げると生産量が増えて在庫が増える、販売活動の速度を上げると手持ち在庫が減る、という事象が生まれる。結果的には在庫はどうなるのだろうか。在庫とは穴の空いたバケツに水を入れるイメージを描くことがあり、入る水の量、出てゆく水の量のバランスが在庫となっている。生産コストを掛ける、販売コストを掛ける、在庫が上下するという関係性が見えてくると整理がしやすくなるだろう。

手持ちの在庫を削減しようとするのは、販売の速度を上げて、生産・購買の速度を下げることに他ならない。すると販売に関してのコストが増えることになり、生産・購買の速度低下にともなうコスト低減と相殺されることにもなりかねない。

ここで、前節のグラフとこのグラフを合成することで、生産・購買のコストダウン、販売の強化とコストアップの関係が在庫とコストの関係図で示すことができるようになる。

次の図は、2つのグラフを縦軸、横軸ともに速度（週単位の変化額）で在庫とコストの関係分布をイメージしたものである。

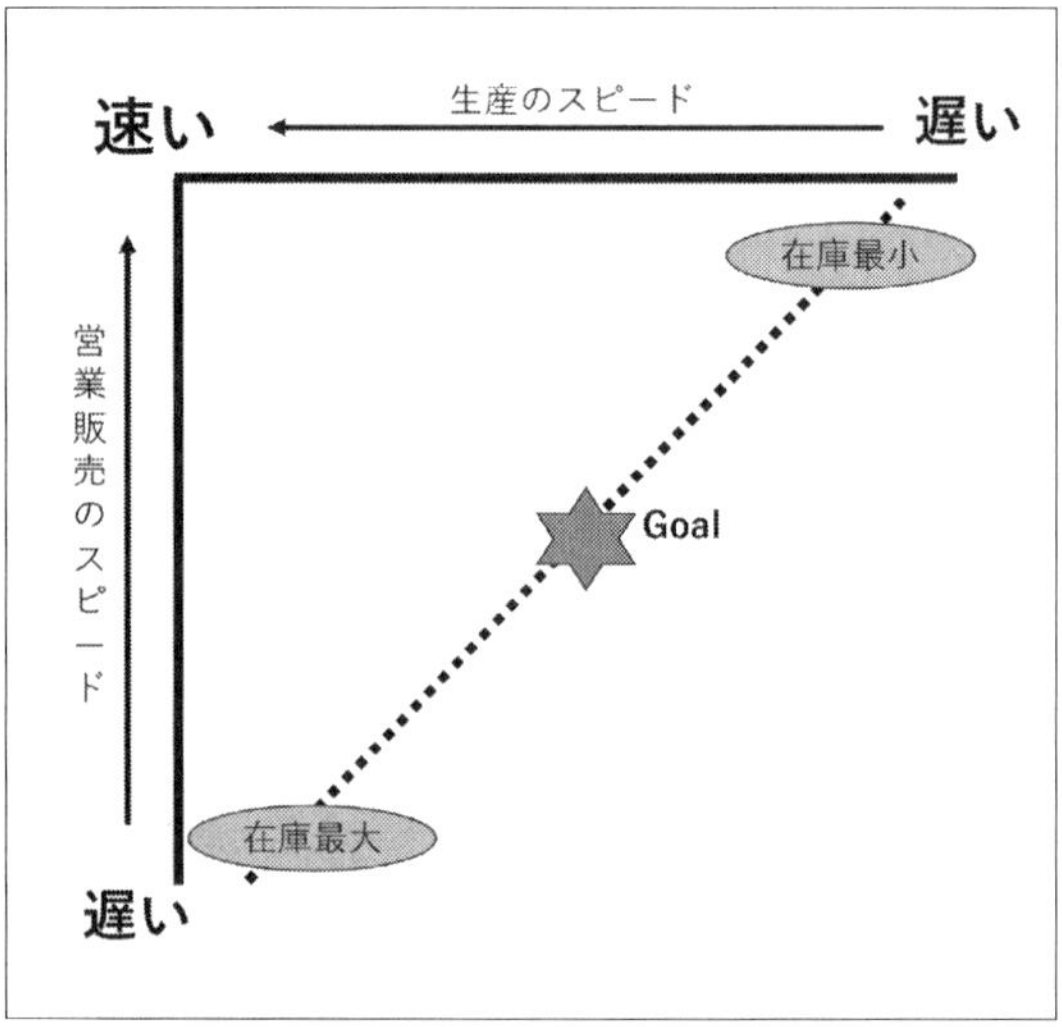

図9：単位速度と売上、コストの相関図

バランスの最適化、つまりは在庫の適正化と売上コストの適正化を同時に満たすような、指数を発見できるはずである。そのシミュレーターとしてのグラフの見方を説明しよう。

目指すべき在庫と売上、コストの最適バランス状態は図のGOALで示した星印だとしよう。

1　実際の状況は①のような黒星マークだとして、週ごとの生産や販売、コスト、在庫の状況を把握する

2　まずは操作しやすいコスト面から、コスト削減を図るようにする（追加コストを抑制する）

3　すると、生産は下がり、販売も遅れ、手持ち在庫が増加することが予測できる
4　生産速度を変えずに（生産コストをかけずに）、販売で在庫削減を目指す活動を行う
5　在庫が適正化に向かうので、さらに生産速度を下げて生産コストダウンを目指す
6　生産、在庫、販売の速度が均衡して、コスト妥当のラインに決着して利益極大化となる

つまり、在庫と販売速度（値引きコストの状況など）を全体監視することで、経営における利益極大化が図れることになるのだが、これらは物流・ロジスティクス関係函数と見ることができるはずだ。出荷物量で売上高を見ることができるし、在庫情報と合わせることで利益極大を目指せるからだ。

在庫の変異点を監視しておき、さらにコスト状況（経費はリアルタイムでは把握しづらいが）までも視野に入れられるなら、生産と販売のバランスによって利益の極大化がシミュレーションできるというのが、この理論の狙いだ。

蜘蛛の巣のように見えるグラフではあるが、在庫の動きと追加コストの状況を把握することで、作りすぎない、無理な販売をしない、という最適モデル状態を目指すことができるのである。

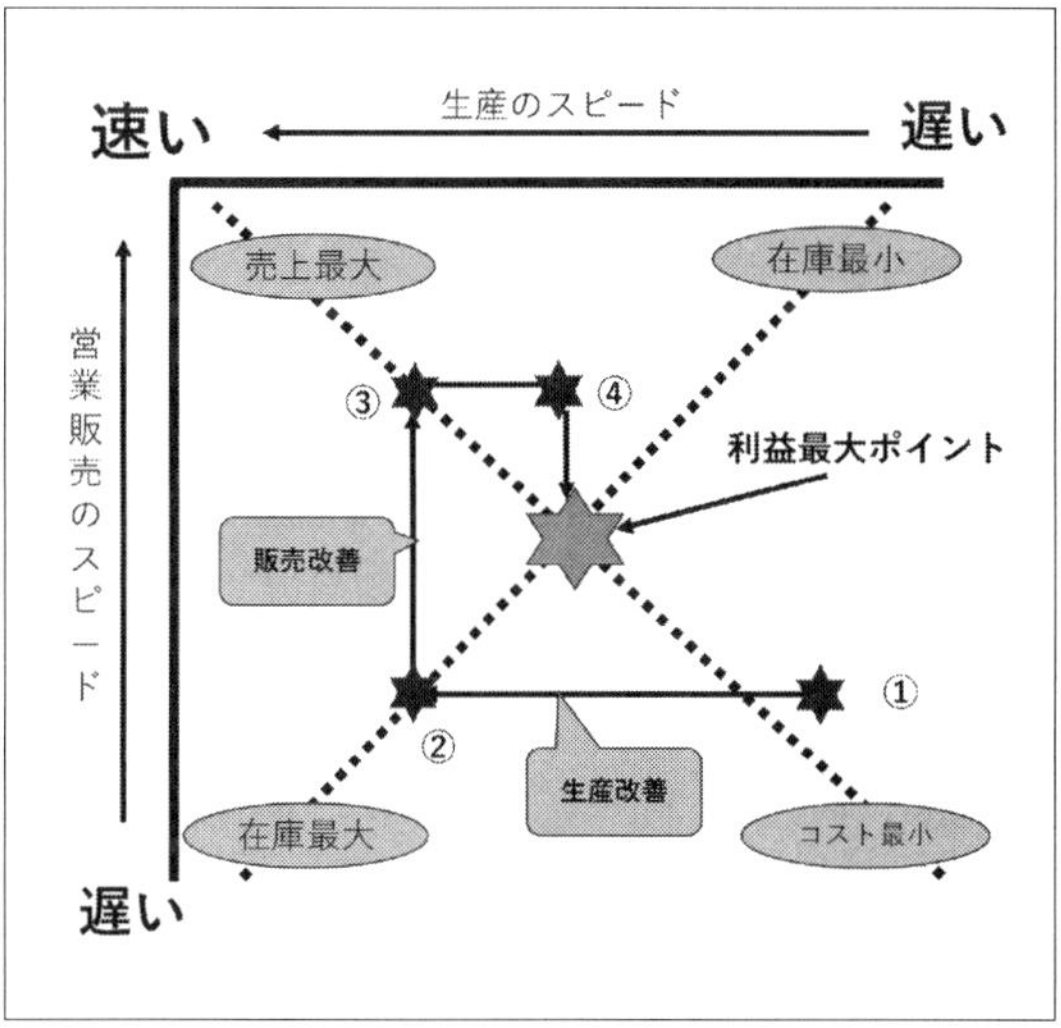

図10：単位速度と売上、コストの相関図

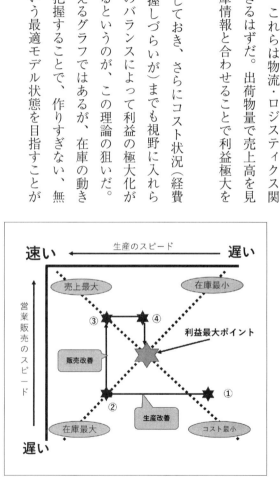

第4章

ビジネスの売上とコスト

前章までで物流・ロジスティクスと原価や売上総利益との関係性について整理してきた。

本章ではさらに売上に関わる売価や価格設定、昨今話題になっている分割販売のサブスクリプションなどへも言及して、販売の形態が進化している時に物流・ロジスティクスではどのように対応すべきなのか検討してみたい。

第1節 利益はどこから生まれるか

稀代の経営者、松下幸之助氏がいわく「**利は元にあり**（利益の源泉は原価にある）」とビジネスでは、売上の最大化、経費コストの最小化という原理原則を徹底すべきだと諭している。特に松下の『**水道理論**』は家電製品を全国広く、どこでも購入可能になるように、大量生産と全国販売組織の確立によって電器店のない街はないほどまで、徹底してマーケティングを施してきた。弱小小売店である電器店には、当時まだ珍しい手形仕入れ（店主の発行する約束手形もしくや預金小切手で納期決済、精算期間は半年以上先送り）という販売手法をとっていた。つまり、季節用家電商品は季節前に仕入れて店頭に陳列させ、販売開始から数ヶ月が経過してから（売上金が入金できてから）手形決済で精算をしたという。メーカーでありながら、資金提供のような金融機能を持ちながら販路を拡大してきた。松下電器は古くからメーカーと流通業の接続を、金融を通じて行っていたのである。

トヨタは我が国最大の企業であるが、実はトヨタの前身である豊田自動織機社は終戦後の時期に倒産の危機に襲われていた。まだ自動車が夢の商品となる前に政府の強力な金融引締の影響を受けたからである。それを契機にトヨタは無借金体制へ向かい、豊富な内部留保を活用して資金を提供しながら、全国に販売会社組織を確立した。仕立て者は後に販売の神様と称された神谷正太郎である。神谷はトヨタの販売部門と製造部門を分社して、現在で言う商物分離を行い、エリアマーケティングに徹して販売組織網を築き上げた。

松下もトヨタもいずれも売り方に徹した成功者であるが、売りと利益の関係は次のようになっている。要素は、前節で紹介したG=mPQ-Fよりも簡便化した、売上（入金）とコスト（出金）の差額が利益ということになる。

ところが、前節で解説したように販売や生産の速度（週単位での比較）を考慮すると、

●売上の拡大（高速化）　↓　コストを掛ける（値引き原資、販路拡大など）

●在庫の積み上げ、仕入れの増強（高速化）↓　コストを掛ける（製造ライン増強、急がせる）

●コスト削減　↓　販売の低速化、生産・仕入れの低速化

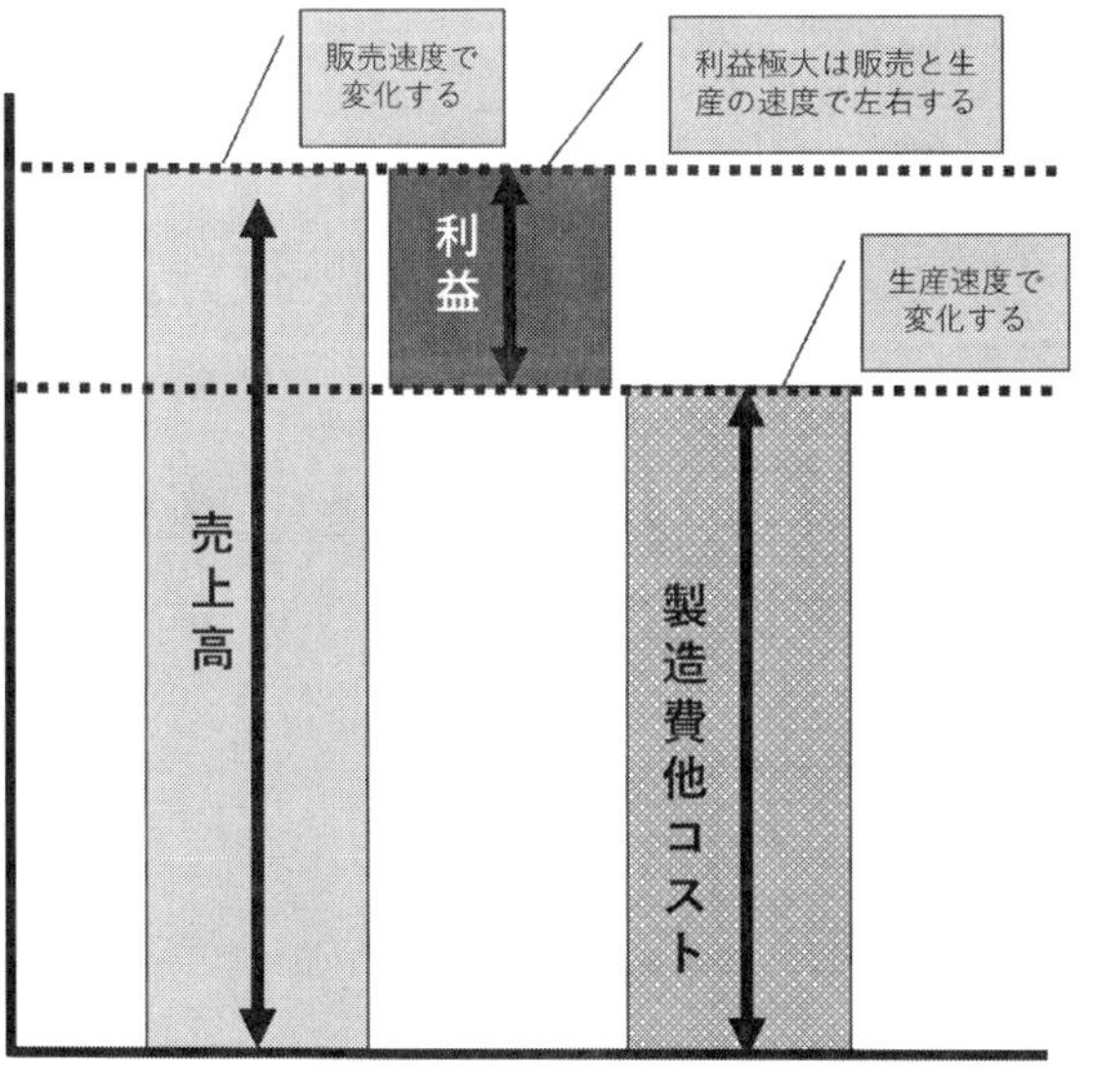

図11：相対的利益のイメージ図

これらの組み合わせで、売上とコストの関係が変化して、結果的に利益が影響を受けることになる。売上を上げるには、値引きや経費を掛けることで達成できるであろうが、粗利益から経費を差し引く営業利益は減少することになる。同時に売上拡大が続けば、在庫が減少して生産能力の追加が必要となり、こちらも設備投資やコストを掛けた能力向上が必要になる。

このような販売の速度、生産の速度はすなわち物流・ロジスティクス活動に直結しており、製造・仕入れと販売の物流・ロジスティクス運用の巧拙が利益貢献に直結することを示してみよう。

第2節

最大売上と最小コストは幻想だ

売上はいつ決まるか。それは会計の原則であるが、物流倉庫からの出荷時点や先方納品時点の検収で確定されるので、正確なデータが補足できるものだ。また、販売先があるので対面調査や伝票や証憑の確認で売上金額はかなり正確に、かつリアルタイムで把握することができる。（一部の業界では仮売上として、売価交渉が年度末になるという特異例がある）

ところがコストや原価の把握については、実に多くの課題を抱えている。

そもそも経費処理は企業組織内部の様々な部門・分野に及んでいるので、基本的にはリアルタイムで補足できない。また、相手の事業者規模にもよるが、経費データ明細の把握も、発注側からの購買記録がなければ請求書すら発行できないレベルのものまであり、コスト最少だったというのは結果論でしかないことが殆どの実態である。

コスト経費関係でこの様な実態がある上、販売上で行われる値引きという経費の発生はさらに補足が遅れる。営業活動では値引き処理を様々な勘定科目で処理することが多いからだ。1000円価格の商品を200円引き販売を許容すると、総販売額からリベートを支払ったようにするとか、商品を伴わない返品を受け入れたことにするとか、請求段階で値引き処理を行うとか、多様な経理処理が発生するものだ。

売上は確定できても、実は経費については売掛金の入金や買掛金の請求書到達時点までは正確に把握できず、補足することができない事例は大変多い。したがって、倉庫出荷や納品検収売上などの売上計上処理を行うけれども、経理については遅延が発生し、実際の利益計算は非常に複雑かつ大きな時間差があることになるのだ。

この様な営業活動と経理処理があるなかで、最大売上、最少経費を実現するためにできることを列挙すると、次のようなチェックポイントが挙げられるだろう。

1　販売価格の遵守と営業商談の明細や値引き条件の明示化

2　返品の受け入れ基準や総額規制などのルール明示化

3　経費発生における予算化と即時当月計上のルール化

このようなルールが行われて初めて、売上と経費の関係が明確になる。特に3番目が重要であるが、ほとんどの組織では手法が定まっていない。

稲盛和夫氏が始めたという京セラのアメーバ経営という小集団決算方式は、毎月の取引を明示確定させて業績を高めてきたが、その実態は20名程度の小集団がグループ取引を個別経理や採算で行うことで、月次の売上・経費計算を明確化していたという。

月次決算を行うことの難しさを、小集団に絞っていたからこその成果といえるだろう。京セラのアメーバ決算経費には、もちろん物流・ロジスティクスコストも含まれていたのである。利益計算を迅速正確に行うには、現在のところでは管理対象をできるだけ小さくするしか方法がないのではないかと言われている。確かにザルではいけないという意味と通じるところがある。

第3節 売上拡大を目指す手法

我が国は平成時代の30年以上もデフレが続き、販売活動では苦戦を続けている。デフレの本質的な構造は、生産側の供給過剰であり、消費側の需要不足が原因だから、ようやく均衡点である売価を求めても、さらに競合の登場で低位固定となりがちなのだ。しかも100円ショップの台頭により、一般消費財は強力な差別化が求められている。ちなみに、100円ショップのダイソーは世界に5741店（令和2年8月現在）を展開しており、基本的に年中無休の営業体制を維持している。

100円の慶弔ネクタイが1店舗で毎日10本売れたとしても、年間では10×365×5700＝2080万本の販売となるわけだ。

この様な圧倒的規模ボリュームで売れ続けるパワーを相手に対抗するには、よほどの価値提案や付加価値が必要になる。低価格から抜け出せずに苦戦しているほとんど業界では、低収益構造からも抜け出せずにいることになる。あのトヨタですら自動車販売の波を読んで、これからの自社をMAAS（Mobility as a Service：マース）カンパニーと呼ぶようになっている。

つまり、クルマというハードを売るのではなく、移動手段やクルマの利用時間を販売しようという意気込みに向かっているのだ。その現れが自動車の分割販売であるKINTOというサブスクリプションである。

クルマという高額商品を金融サービスとセットして分割で所有権を売るのではなく、利用サービスと付帯サービスをミックスしてクルマサービスとして提供するものだ。

KINTOの特徴は、ハードの自動車販売ではなく自動車利用サービスの販売というコンセプトになっている。

月額費用には3年間の車両利用費用と諸費用、保険、整備、修理代が含まれており、3年経過後には新車に交換乗り換えが可能なのだ。車検のための保留や手続が全く不要であり、車検による使えない時間やそのことすら意識する必要がなくなる。まさにいつでもクルマが手元にある状態を実現できるサービスといえる。

従来のクレジット販売、マイカーリース契約と類似している箇所も多くあるが、3年毎の乗り換えと保険、整備費用込みですぐさま利用できる気軽さ、手軽さはかつてないしくみといえる。

このようなサブスクリプションは、従来は定額サービス制度として音楽、アプ

図12：KINTOの広告

り、映画、会員権などのサービス分野で発達してきたが、物販に取り入れ初めているのは最近の傾向である。

高額商品の新しい販売手法ともいえるが、根本的な商談の手法が異なることに留意しなければならない。「売りっぱなしで、手離れできない」という現実感を直視しなければならず、営業活動そのものは大きく変化することになるのだ。従来の販売概念が大きく変化している点を整理してみよう。

サブスクリプションは月次売上額としては必然的に小さくなる。従来の営業マンであれば月間販売台数競争によって、数十台、数千万円の規模で競争してきた。ところがサブスクであれば、3年契約になるわけだから、3％相当の売上金額にしかならない。積極的に売上を下げているといえるだろう。

実はそうではなく、図で示しているように長期間の顧客の固定化、売上の長期契約を目指した生涯価値獲得営業活動への転換だったのである。疑問は売上利益の獲得状況にある。サブスクによって、販売台数が急激に向上しない限り、当月の売上は激減するだろう。当然のごとくに利益も減少して、企業活動にも障害が生じることだろう。それでもなお、この方式を目指すのは、どのような理由背景によるものだろうか。

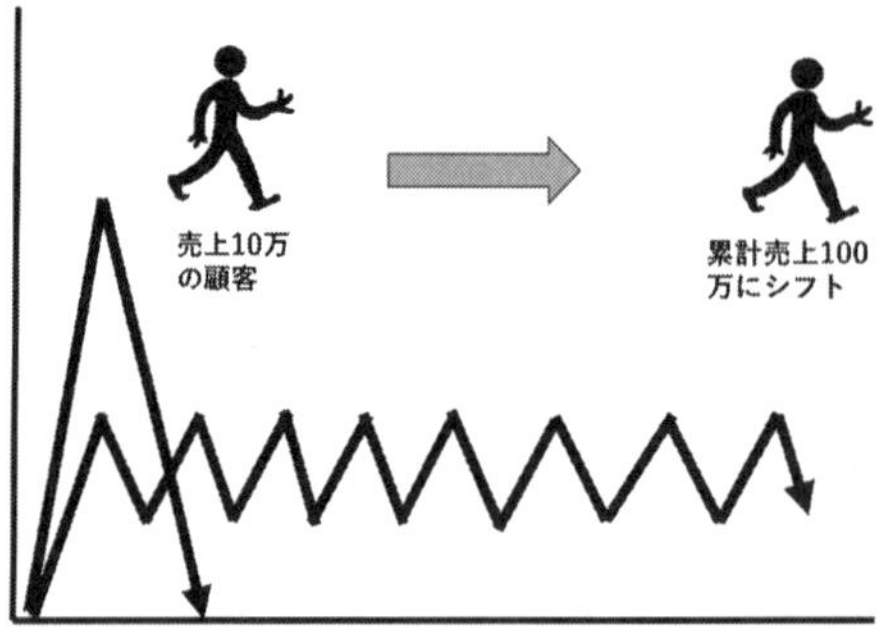

図13：生涯価値獲得のイメージ

売上を目指す活動には2つあり、短期で勝負するのか、長期視点で勝負するのか、という考え方がある。競合が存在する状況下での販売戦略に短期決戦なのか、長期消耗戦なのか、という視座である。

価格設定は販売活動における重要な要件であり、サブスクのような販売条件の大転換では、価格競争にはなりえない。販売の条件が全く異なるからだ。

サブスクは長期視点での販売戦略といえるだろう。しかも、消費者にとってデフレ経済下での優位性は十分にあると考えられる。自動車という耐久高額消費財の獲得において消費の先送りではなく、当月獲得の敷居は極端に下るメリットは十分にある。その意味で販売側には将来的な市場シェア獲得の手法ともいえる。ただし、単月での売上減少は避けようがないジレンマを抱えることになる。

短期決戦での販売活動での新たな手法はどこに見出すことができるであろうか。市場シェア獲得を目指し、短期の利益を放棄して販売量を増やす手法は以前から存在していた。日本商品の海外での評判は、このような短期的な低価格商談をダンピングと見なされて、海外では多くの訴訟を受けて敗訴、価格統制を受けてきた歴史がある。

国内でも低価格主導で利益度外視の販売戦略優位論というものが存在していた。

業種が異なるが、３９９円ディッシュのサイゼリアは、市場観察の結果から6割引相当の価格設定でファミリーレストラン展開を続けてきている。低価格で参入したが、実際にはオペレーションも低価格を支える構造にまで進化しており、決して業績が悪いわけではない。

若者や駅近レストランでは、圧倒的なシェアを獲得できているといえるだろう。価格戦略は実に有効といえるのだが、取組み方が難しい。６割下の価格設定で物販を行うには、よほどの長期視点構想が必要だからだ。

では、物販における１００円ショップを参考に量販条件をみるとどうであろうか。

１００円ショップでは1チェーン店だけでも、慶弔ネクタイが年間２０００万本の販売力がある。だからこそ、１００円でも販売しても利益が獲得できるのであろう。原材料原価は量に合わせて低減するからだ。

商品のライフサイクルは経験的に同じ様な傾向を取ることが確認されている。

市場への導入、成長、成熟、衰退、終売をへて消滅するのは、ヒトの一生にも似ている。

このライフサイクル経験則は、多くの商品マーケティングに見られる様態であり、初期導入は浸透が進むまで僅かな投入量とみなすことができる。

マーケティング的には初期イノベーターという「新しもの好き」が関心を示して購入し、徐々に広まりながら消費

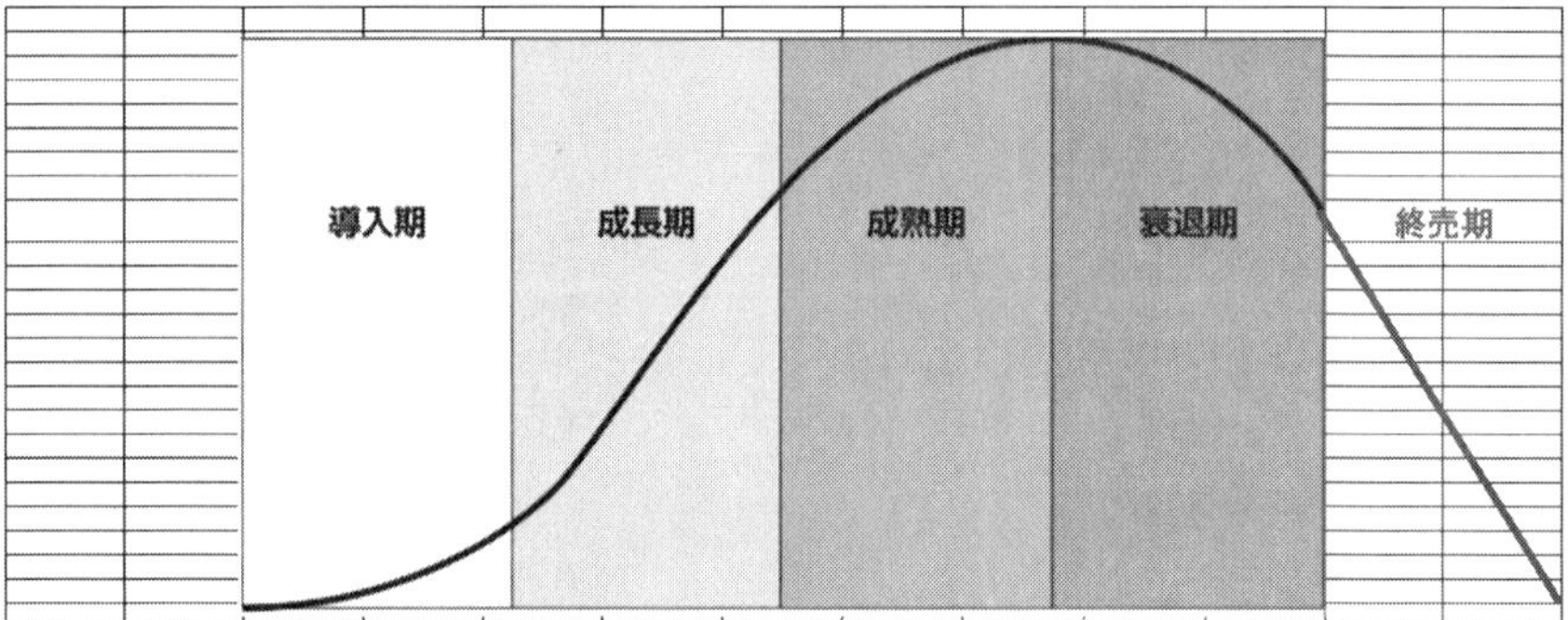

月数	1	2	3	4	5	6	7	8	9	10	11	12
備蓄												
生産量	2,000	2,500	3,000	3,000	3,000	3,000	2,000	1,000	500	0	0	0
出荷量	0	100	500	1,500	2,000	4,000	4,000	3,000	3,000	1,000	800	100
在庫高	2,000	4,400	6,900	8,400	9,400	8,400	6,400	4,400	1,900	900	100	0

図14：ライフサイクルカーブ

量も増えてゆくことで成長、成熟するにつれて、生産量も急拡大することになる。

原価構造も初期は高く、徐々に量産効果によって原価が下がり、成熟期を迎える段階に近づくと販売促進費用や値引き原資が必要となって、収益性は低下する。（利益の山高帽グラフ参照）

商品ライフサイクルのトレースにおける利益の構造は、初期は設備投資や販促開始のために、コスト経費は持ち出しとなり、利益の持ち出しがありマイナスからのスタートとなる。順調に市場に浸透するにしたがって、利益は獲得され、利益は生産販売の拡張とともに急成長を遂げる。市場に一通り行き渡ってくると成長は鈍化して、成熟期に入る。販売は底上げ、嵩上げのために販促費用をふんだんに投入して、再成長を目論むが、概ねは失敗する。そのために販売は順調であるが、一気に利益は減少傾向に向かうことになり、終売や撤収時期の見極めが難しい判断を求められることになる。

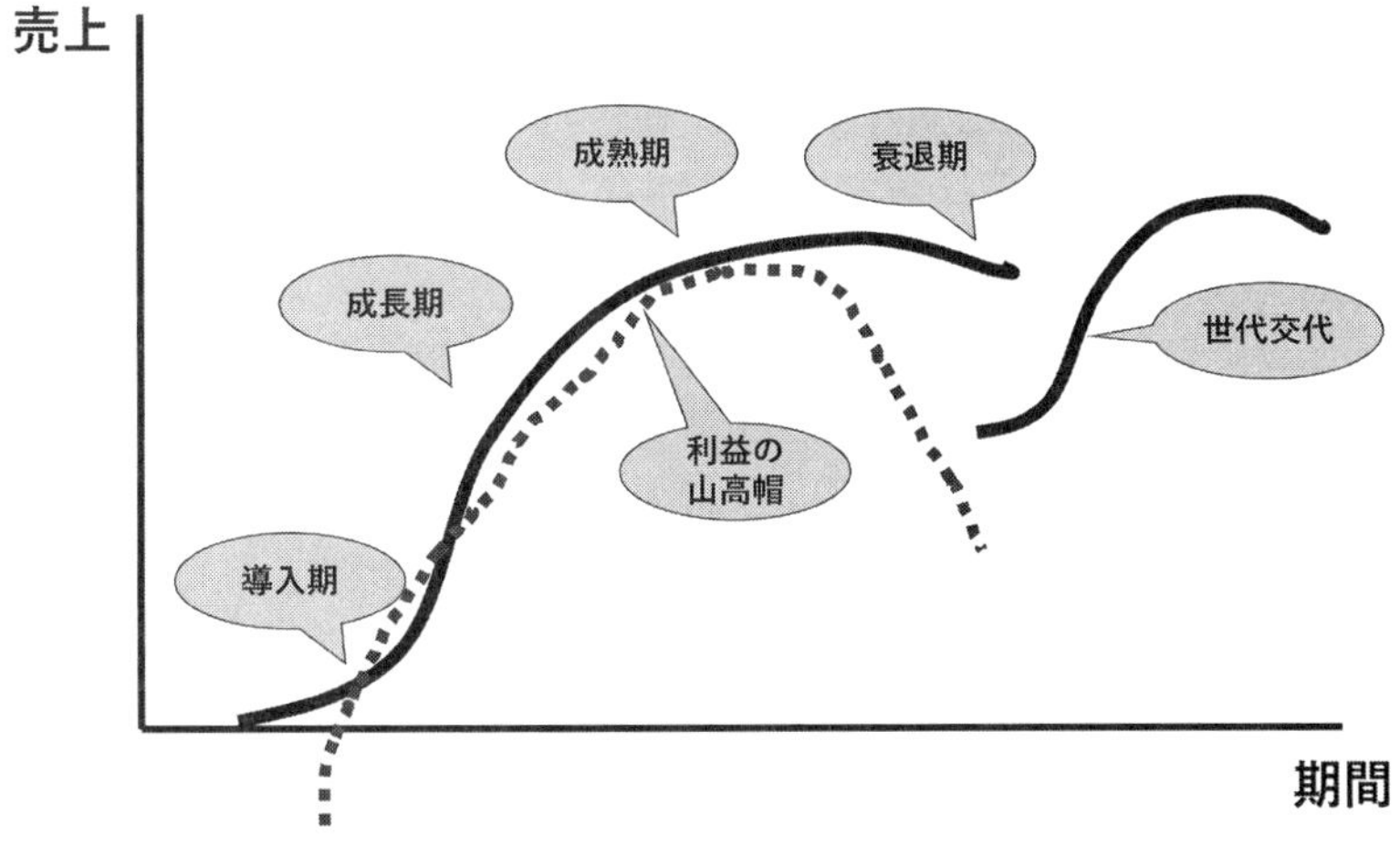

図15：成長のS字カーブと利益の山高帽

この経験則が示している法則は、

●収益力のあがる時期は僅かである
●自然にませると、ライフサイクルは公式通りに進行する
●成熟期、衰退期の見極めを誤ると経費の持ち出しが進む

安定的な売上、シェア、長期的な利益獲得に必要な手法は物流・ロジスティクスを活用した、初期段階からの量産価格設定ではないだろうか。販売活動はマーケティングや営業活動であり、物流・ロジスティクスとは全く別物として考えられてきたが、原価を下げるために物流・ロジスティクスが貢献できるのであるから、利益獲得のための余地を次章以降で検討する。

コラム　物流不動産とは何か　no.3

かくして、開発～運用～売買～更に運用継続～最終売却 という、物流施設そのものが投資案件として、魅力的な事業体になっていったのです。

倉庫が生まれ変わっている

新しい住宅やオフィスがそうであるように、施設は話題の機能を充実させて登場します。物流施設の場合は、「ワンフロア、ワンウェイ、ワンストップ」というセールスポイントをそれぞれ持っています。高層階であってもランプウェイの装備によって、トラックは各階に横付けされます。そして、広大なフロアでは入出荷の動線が十分に確保され、高速の物流作業が実現できます。エレベータのような搬送機も不要で、設備機器も最小限ですみます。

メガ倉庫では共同利用のファシリティーが充実しており、食堂・休憩・事務所・セキリュティが完備しているのです。従来の保管型（縦型）倉庫での上下階搬送や貧弱なファシリティーとは、ケタ違いの充実ぶりなのです。

物流サービスの提供側にとっても、利用側にとっても高速運営、充実した設備、不要な機器投資を必要としないローコスト運営は魅力的です。しかも、開発コストは規模の経済性を発揮して、新築施設であっても従来型施設よりもコストパフォーマンスが格段に優れているのです。

P.123 へつづく➡

第5章

利益の源泉

長期的な利益や収入の獲得には、市場シェアを確保して競合との差別化に成功を続けなければならない。日本にはかつて26年間連続して収益拡大を実現してきた企業がある。景気循環の波を受けて、売上減収時期にも利益確保を続けた企業は花王である。花王の強みは、製販物の協調体制にあると言われてきた。製造部門、販売部門、物流部門の連携により、新商品の投入時期や競合企業の動向や店舗店頭の市況を素早く掴んできたといわれている。

新商品研究にも非常に熱心ではあるが、競合の状況観察を行い、新商品の投入タイミングをベストの状況に図りながら、自社で構築したサプライチェーンをうまく回し続けてきた成果といえる。カネボウなどの事業提携や引取吸収を行うまでは、連続好決算を躍進し続けてきた。利益の源泉が必ずしもシェアや売上の拡大だけに限らないことの証明を、花王は果たして来ているといえるだろう。作る力、売る力、運ぶ力のバランスが確立できたとき、サプライチェーンの成功と呼べる日本の好例といえる。製造・販売・物流の本当のバランスが取れたとき、それは増収増益、減収増益、連続長期間の増益体質が実現できると花王が証明している。

決して画期的な商品や強力な販売組織があったというわけではなく、日常生活に当たり前の商品と個性がないとは言えないが、特別な商品でなくても広く普及され、支持され続けた結果といえるだろう。目指すべきはこのような製造・販売・物流のバランスというサプライチェーン組織の確立なのである。

第1節　市場シェアと競合対策

市場シェア競争はビール業界にみるように苛烈で長期にわたり継続的である。ビールのような類似価格、類似商品、機能や性能が似通っている場合には、店舗内の商品棚のシェアや飲食店カバー率など、すべてにおいてシェア競争が最優先になる。シェア拡大に欠かせないのは、物流の配下力（適時適量を継続的に納入できる能力）が効奏するものだ。ビールの新商品開発は経年活動であるが、仕様が決まりデザイン缶やブランドラベルが仕上がればビールそのものは3週間程度の醸造で完成するという。

ボトリングを行えばすぐさま店頭に配送可能となるわけだから、新商品の企画は競合の動向を踏まえて営業戦略立案、同時にデザインブランド構築、ＣＭ広報を続けるうちに醸造と物流計画の立案が進むのであろう。短サイクルで商品が入れ替わる、強烈な業界といえる。そのような激しい競争の中で市場シェアを獲得するには、強者の戦略と呼ばれるような圧倒的な物量や価格戦略、販売網の構築などが必要であり、正攻法の常套手段といえる。強力な物流の配下力は、前述した松下電器の店会店制度やトヨタの販売網構築における圧倒的な広告宣伝と店舗立地によって、「どこでもある、いつでも買える」状況の創出が可能になる。類似の販売マーケティング手法はコカ・コーラ、ネスレのインスタントコーヒーなどの商品群にも見られる手法である。いずれも日本国内のどこでも、いつでも手に入る環境におかれてきた。このような強者の戦略による競争状態の特徴は、物量と価格による市場制覇であり、巨大企業パワーの為せる手法でもある。昨今では食品業界においても、ナショナルブランド（ＮＢ）よりプライベートブランド（ＰＢ）の台頭が見られ、好評だという。市場シェアよりも供給シェアにシフトが始まっているのではないだろうかとも見られてはいるが、NBとPBの決着はまだつかない。

ナショナルブランドを維持するためには、莫大な広告宣伝費と販売組織網の整備など、圧倒的な経費の上にしか成り立たないから、デフレ期の販売戦術としては生産能力の維持のためにもネーミングやラベルを変えたPB商品やPB専門営業部隊の創立が有効といえるだろう。ナショナルブランドのメーカーにとっては、製造利益と販売利益の二兎を追うことから、NBとPBの統合生産による製造利益に焦点を当てようというものではないかと推察できる。

このような巨大製造業に見られる動向は、特定な企業固有のものとは限らない。つまり市場シェア競争からOEM供給（自社製品を他社ブランド名として供給する）など、実質生産量シェアに向かうのは、昨今では化粧品、家電製品、アパレル製品などの多方面で観察されており、依然として経済原則は規模の経済性追求にあるといえるのであろう。

そのため、新商品の開発や投入にあたっては、初めから量産価格を想定した価格戦略が目立つように感じている。原価の積み上げではなく、市場許容の価格（類似商品の6割安などのインパクト効果）で提供できるよう、当初から赤字覚悟の新商品投入で市場シェア、店頭棚シェアを獲得し、そこからのマーケティングという手法を支える、高速大量の物流配下力が大きな影響力を持っているように見えている。

このようにビジネス競争では、規模の経済性を発揮できる分野に経営資源を投入して、市場シェアを狙うのが正攻法と言えよう。しかし、時代の変遷とともにこの様な手法が効奏しない、もしくは正解とはなりえない現実が生まれてきている。

それは、経営学ではイノベーションのジレンマに代表される、圧倒的シェアによる安泰を感じている間に新機軸の登場によって急激にシェア喪失を招くという事態である。

クレイトン・クリステンセンが発表した『イノベーションのジレンマ』では、大企業が一瞬のようにしてシェアを失い、凋落してゆく様子を分析した。競争の源泉が一気に失われるのは、内部崩壊ともいえる市場や社会の認識不足、経営人材の問題点として指摘されている。

クリステンセンの著書では事例として、次のよう企業が紹介されている。

●8インチ、14インチのハードディスクのシェア

●コンピュータの競争（大型、ミニコン、PC）

●コダックのカメラデジタル化遅れ

いずれも世界を席巻しながら、ある段階で競合や新商品の登場を漫然と受け入れてしまい、急速に失落してゆくさまを紹介している。一体何が起きているのか、状況判断を経営が見逃し、そして打ち手を忘れたとしか言えない事態であった。

第2節　物流の分散、倉庫の開放

経営と競争の原則は、新規参入者によるイノベーティブな開発競争が始まるまで、規模の経済性追求であり、市場シェアの獲得にある。市場での存在感、寡占状態に近づければ自在な操作が可能になる。消費者に対するアピール感度も上がり、価格決定にも威力を持つ。このような急激な成長とシェア獲得を目指した企業にはネット通販のアマゾンがあるだろう。1994年創業ではあるが、当初から一気に事業の拡大を目指しており、採算赤字を全く顧みない設備投資の対象は物流センターにあった。

書籍や日雑品のネット販売を行うために全米に続々と物流センターを開発してゆく姿は、事業収支や株主を考慮しない冒険経営とも言われていたが、結果的には唯一無二の勝利者として君臨するようになった。北米は広く、日本のように2日で全国をつなぐというわけにはいかない。それでも日本は東西の主要な拠点を配置する程度で全国をカバーできる。Amazonの北米カバーのために、これほどの

図16：Amazon物流センター拠点配置図

数の物流拠点が必要だったのかという意思決定には、当初多くの疑問が投げかけられていたのも事実である。

後に競合事業者との差別化要素に、価格ではなく配達速度で圧倒するという戦略が効奏したことで初期の疑問が消え去ったのは、Amazonの物流に対する慧眼ともいえる他社になかった視点といえるだろう。


1997年（平成9年）5月14日：NASDAQに上場を果たし、初値は1株18ドルをつける。

1998年6月：ミュージックストア開設し音楽配信事業に参入。英国とドイツにてサービス開始。

1999年（平成11年）6月：ユーザーが累計1000万人に。

1999年9月：米特許商標庁でワンクリック（1-Click）特許が認められる。

2000年9月：航空宇宙企業「ブルーオリジン」を設立、有人宇宙飛行を目的とした事業を開始。

2002年（平成14年）7月：クラウドサービス「Amazon Web Services」（AWS）を開始。

2007年（平成19年）11月19日：電子書籍リーダー「Amazon Kindle」を発表。電子書籍販売サービス「Kindle ストア」（Kindle Store）を開設。

2009年（平成21年）11月：靴のネット販売大手「ザッポス」（Zappos.com）を買収。


全米に140拠点を配置しているじゅうたん攻撃のフィールドプレス戦略は、巨額な設備投資が為せる技であり、日本参入当時の日本企業が追随をためらう、向こう見ずともいえるものであった。

「輸配送能力のある日本では、複数の物流拠点を配置するのはコストアップ要因だ」という主張が長く続いてきたといえるが、昨今では時流は大きく変わってきている。それは、輸送トラックドライバー問題から始まった「運べない物流危機」の発生である。中長距離ドライバー不足から、輸送における総量規制が始まった、もしくは急激な運賃上昇が発生しており、従来のようにハブ拠点から全国への配送網構築が非常に難しい環境になっている。

そのため、日本アマゾンや楽天市場などの大手EC通販事業者は、物流センターからの近距離配送網を自家用トラックや新規事業としての軽トラック事業者を組織化し始めている。

結果的にアメリカAmazonでの大量な物流拠点配置戦略が、日本でも通用することになっているのだ。（令和2年8月現在、日本でのAmazon大型物流拠点は20箇所となった）

今後はこのような物流危機傾向が続くことが予想され、大型集約拠点からの全国への配送から、地域ごとの中型配送拠点から近距離配送、自営物流活動による配送形態へ移行するであろう。

EC物流事業者自らが配送手段を組織化しなくてはならない事態は、大手宅配事業者（ヤマト、佐川、日本郵便）などの料金上昇もあり、自営配送と委託配送の組み合わせ選択が、物流コスト問題の主要なテーマになるからである。配送料は距離と時間の制約により定まり、専業者への委託を短時間近距離とするのは合理的ではない。したがって、自営組織化された配送網では短時間近距離を担当させることで、コスト効率も高めることができるだろう。早々と自営化へ舵を切ったAmazonの去就は、EC物流のモデルとなりつつある。

また最近では、個人売買のC2Cネットワーク（メルカリ、オークションなどの成長も急激であり、こちらの傾向もあいまって、上空から見れ

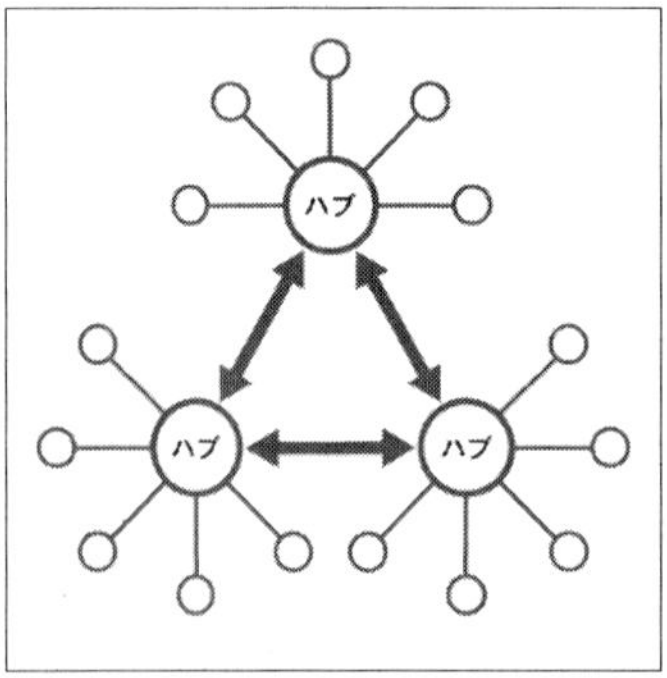

図17：従来型ネットワーク図

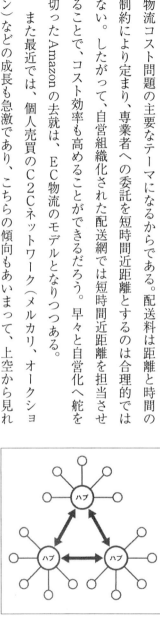

ばハブ拠点からの物流が多種多様な配送網を構成していることに気づくだろう。現代は従来型の物流（ハブを中心としたネットワーク）から、大きく進化する途上にあるといえる。

製造業から流通業へと商品製品がバトン連携されてきた原則論が、ここにきて崩れ始めているのではないだろうか。以前からメーカー直販というスタイルもあったが、農業・水産業が6次産業化を目指したり、問屋の中抜きをするなどの多様な流通構造、多様なチャネルが登場するにつれ、ハブ単位のネットワークはD2C、C2C、またAmazonセンターのように、なるべく近くから到達させるというマルチネットワークに向かう姿は、まさに脳細胞のシナプス接続や自然界の姿にも似ている。

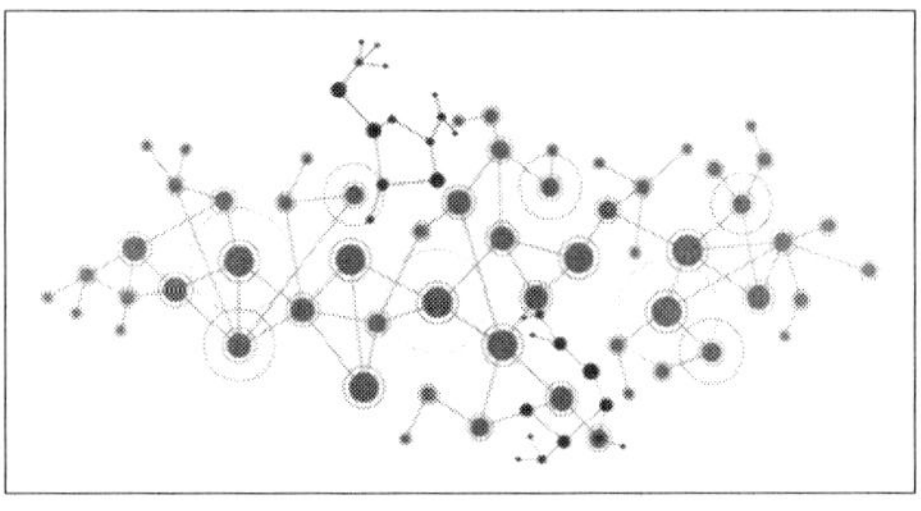

図18：マルチネットワーク図

流通の変化を支えた大きな要因は、物流・ロジスティクスの中での情報処理にあったのではないだろうか。21世紀がこれほどの変化をもたらしたのは、情報通信技術の台頭にある。時空を超越し、動画や画像で仮想空間が当然となった今、集中や規模の効果が薄れてきている。遠くに在っても目前と同様にあるのは、情報通信の技だからだ。集中のメリットは規模の経済性そのものであったが、分散化しても全体として統合整然とするためには、各分散拠点の動向や状況が緊密に連携できなければ混乱するだけである。それぞれの連携が可能になっているのは、サイコ・サイバネティクスという情報技術のせいであろう。分散化された拠点や情報が、あたかも一体化したものとして機能させることができるようになり、規模の経済性そのものの定義も変化している。

このように物流・ロジスティクスの従来からの機能や活動が変化していることを振り返ると、製造とは何か、流通とはどこまでの範囲なのか、という内省に基づき全体像を再構築する必要がありそうである。

そもそも、物流・ロジスティクスと製造工場との違いは、従来は単なる就業人数によるものとされてきた。多くの人が働く場所が工場であり、照明も暗く人手が少ないところが倉庫、物流センターとされており、事業所登録税などの違いがあった。

現在ではこの様な認識は全く逆転している。自動化、ロボット化の導入が進む生産工場に比べて、流通加工やピッキング、包装、梱包などの大量の要員であふれているのが物流センターといえるからだ。

また、物流現場では入荷製品の検査や補正修理、出荷前のキッティングや付価工程の追加など、工場ならではの作業が随分と織り込まれるようになっている。スーパーの食品物流センターでは、プロセスセンターという生鮮産品の加工、切り身、弁当作りなどの食品工場と物流の一体化がすでに見られている。

保守サービスの事業体では技術者や営業マンと部品倉庫の一体化が行われ、営業と物流の再統合すら行われるようになっている。

このように倉庫や物流施設が開放され、再構築の途上にあることを考慮すると、製造と流通の垂直統合もすでに行われていると見ることができる。

第3節　ソリューションの考え方

「商品を売るな、サービスを売れ」、「顧客はドリルが欲しいのではなく、0.5インチの穴が欲しいのだ」（ブラック&デッカー社長談）一時期よく聞かれたセールストークである。

経済学でも効用が購買決定の重要な要素である、と習ったが実際のところでは、何がどうなって購買行動が起きるのかの理解には程遠かった。価格？機能？便利さ？すぐ手に入るから？〜、消費における私たちの行動は、必ずしも合理的ではなく、その意味でも現代では行動経済学という分野が進化している。

しかし、紹介したように消費行動におけるモノの価値が、価格と機能だけではないことは理解できるであろう。生産財でも類似原材料との比較購買では、品質・価格以上にいろいろな要素が挙げられている。

私たちが商品購入を決定する際、漠然と購入後のイメージを持っているはずである。それは、課題や問題解決の道具であったり、何かの肩代わりであるはずだ。歩くより自転車、寒いから手袋よりマフラー、ダイエットのために生野菜よりスムージードリンク。

商品の選択は私たちの身体の動かし方に非常によく似ている。駅まで歩くというように、明確な到着地目標を持って歩き始める場合とテーブルの上にあるグラスに手を伸ばすのでは、行動が異なっている。

意識、視覚、筋肉動作、さらに補正行動と、ヒトの動きは様々な情報をフィードバックしながら瞬時に修正を繰り返している。スーパーマーケットでの食品購入でも、同じように特定ブランドを探しながら、類似の商品棚に目をやり、判断し、なんとなく安いからそちらを選んでしまうなど、明確な意思を持っていても、視覚、理解、想像、判断、決断、という選択を繰り返して購買に至る。そして、満足する場合もあるが、いつものブランドを選ばなかったための後悔もする。

商品選択は消費財であれ、生産財であれ、明らかに効用や問題解決のイメージをもたらせてくれるかどうか。しかも事前に承知しているか、手にとってから想像できるか、商品説明や取り扱い仕様書を読んで納得できるかどうか、という選択の行動である。

ここにシーナ・アイエンガー博士の『選択の科学』という書籍が、私たちの行動原理を紹介してくれている。

図19：選択の科学　シーナ・アイエンガー

●豊富な品揃えが小売業の勝利ではない
●消費者はあんがい、選択を避ける傾向にある

小売業の今までの成功法則は、優れた立地（通行量の多さ）と豊富な品揃え（在庫の積上げ）と言われ続けてきたが、シーナ先生の理論と実証研究によれば、多すぎる選択肢は消費者行動を抑制してしまい、「買い物を放棄する」ことが見られるというのだ。紅茶やジャムは数種類から数十種類まで展開している店舗を観察すると、少ない品揃えのほうが、遥かに売上が高いという実験が成立していたという。

「美味しい紅茶」「朝食にふさわしいジャム」という課題を持って売り場に臨んだ消費者が取る行動は、〈いつものアレ〉か〈比較するに程よい種類〉であることのほうが重要だというのだ。

品揃えはすなわち製造や物流の在庫問題に直結するから、この理論検証に我々はもっと関心を持つべきであろう。多いことが有利ではない、在庫が仇となる、価格差別化よりも買いやすさ、陳列の優位性が商品の現場に正解をもたらしているというからだ。

提供側にとっての効用や付加価値、ソリューションや課題解決のメニューとしての商品提案は、多すぎることによって逆効果になる、ことの証明は衝撃的でもある。ここに商品効用の考え方として、新しいマーケティングセオリーを紹介しよう。

従来のマーケティング公式は、4Pと呼び、Product（製品）、Price（価格）、Place（流通）、Promotion（販売促進）の4つの要素で了解されてきた。どちらかというと商品機能を重視したものであったが、これからは商品効果をどれだけイメージさせられるか、という消費の感性にアピールするSAVEという概念である。

- **Solution**（ソリューション）：問題解決になることが分かりやすい
- **Access**（アクセス）：その商品の入手が容易である
- **Value**（価値）：価格、機能、効用などの価値が分かりやすい
- **Education（教育説明）：課題解決や価値、入手方法などの説明を分かりやすく行う**

それぞれの商品やサービスについて、SAVEの視点から明瞭な定義、説明、機能解釈を行うことが販売

活動における重要な要素なのである。いかに品揃えを増やすまでもなく、ていねいなマーケティング手法の点検をこのＳＡＶＥ視点で行うことが求められる。

従来型の商品サービスであっても、ＳＡＶＥの視点から市場や新顧客へのアプローチ点検を行うことで新たな販路の開拓が可能となることだろう。ソリューションとは対象に対しての教育、納得できる説明であるのだ。「商品を売らない、それがもたらす効果と効用を説明するのだ」というのが、時流であろう。

第4節　キャッシュサイクルとは何か

豊富な品揃えが必ずしも売上に貢献しないとすると、この事実は製販物すべての組織に有効に働く。いわば、作りすぎず、持ちすぎず、売り込みすぎないことが実際には利益貢献につながるという、従来の常識を覆す大発見になるからだ。

品揃えの力学は、内外の圧力から生まれるものである。つまり、競合が新商品を投入したとか、販売部門から小売店舗の棚シェアを獲得するためにも新商品が必要である、という主張が繰り返されるものだ。

適切な新商品の投入、既存商品の生産強化、販売促進など、すべての企業活動にはコストが必要である。しかも、その原資は市場という社外から取り込まねばならず、企業はおよそすべてがコストの塊と見ることができる。

そこで、コストを賄うためには売上が必要であり、売上総利益である差額利益が必要になるわけだ。しかも、コストを賄うためには財務上の利益（在庫や売掛金）ではなく、キャッシュと買掛金をどうしても重要視しなければならない。

企業活動には一体どれほどのキャッシュが必要なのか、という視点で活動を振り返ると、企業所得は現金売上と売掛金売上、他社への貸付、投資の還元（利子配当）などがある。詳しくは会計専門家に委ねるが、企業活動にとって必要な資金とは、売上に欠かせない在庫投資と売掛金（売上確定から入金完了まで）が寝ていることになる。同時に在庫に必要な当月の仕入れは買掛債務となって、支払いまでには猶予がある。

つまり、企業の財布を見立てると、在庫や支払いなどのキャッシュアウトと売上金の入金に相当するキャッシュインがある。このキャッシュアウトからキャッシュインまでの日数を計算することを、キャッシュ・コンバージョン・サイクルと呼ぶ。

すると、キャッシュアウトからインまでにかかる日数は次の公式で計算できる。企業にとっての資金は、在庫と売上金入金までの売掛日数から、仕入れに係る買掛金の支払い日数で計算できる。

ＣＣＣ＝在庫資金回転日数＋売掛金入金日数－買掛金支払い日数

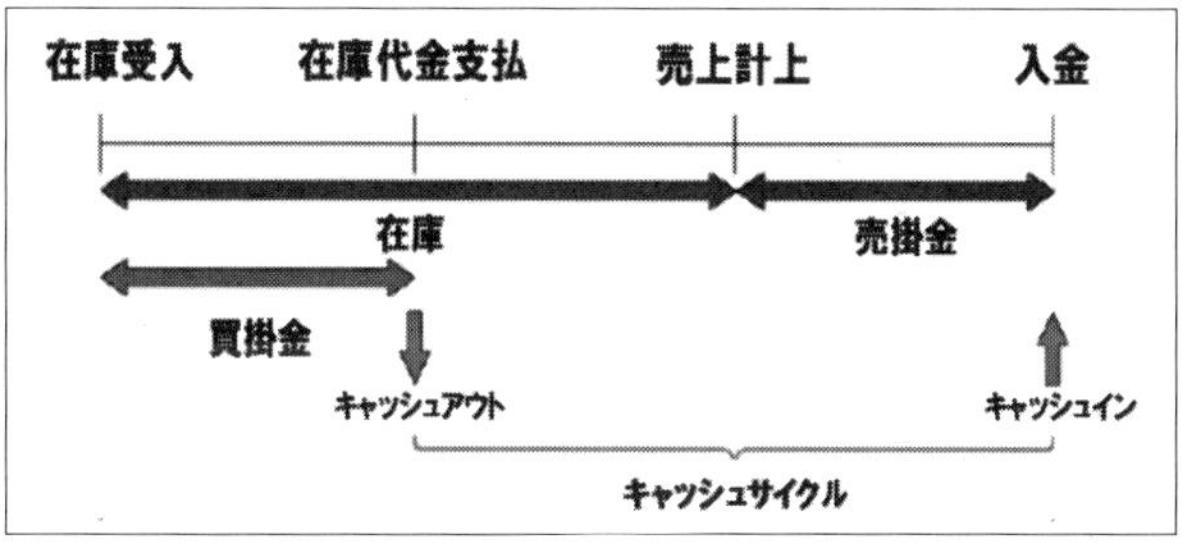

図20：キャッシュサイクルのイメージ

一日の販売金額を仮に10万円とする。
仕入れを行い１００万円分の商品を在庫し、30日後に支払うとする（買掛金サイクル30日）。
在庫は１００万円で10日分とする。
在庫は直ちに販売できて、代金は45日後に支払われる。

ＣＣＣ＝10日＋45日−30日＝25日

次の仕入れ販売の活動では、一日の売上が10万円として、25日分の２５０万円が不足する。

資金の足りない分は自己資本や借入金で賄う必要があるから、キャッシュサイクルが長い場合には、急激な売上が見込まれて在庫投資を行うと、売掛金回収までのキャッシュ不足が生じてしまう。
黒字倒産というのは、手持ち資金が在庫になっていて、キャッシュ回収が遅れている状況の時に支払いが滞る状態を指している。

もし、買掛金は1ヵ月まとめて支払うように契約し（支払猶予は30日）、仕入れの頻度を上げて在庫を少なく（明日売れる分だけを在庫する）状況にあり、売上金もほぼ同時に入金されるなら、ＣＣＣの計算では
1日＋1日−30日＝マイナス28日　となって、売上の28日分がキャッシュとして手元に残る計算になる。
売上金が同日に入金されるということは、対面販売の小売店としか想像がつかないだろうが、ＥＣネットショップのクレジット決済では、実際のところ現金化は2日から30日までの範囲で選択できるようになって

いる。支払いよりも売上金の入金のサイクルを早くすることは可能なのだ。

このようにCCCを改善させ、投資余力を確保するためには、在庫削減と支払い条件の緩和という政策手続きを行うことが望ましい。

ネット通販の巨大企業のAmazonが急成長と株式市場で高評価を受けているのは、このようなCCCサイクルが順調であり、資金回収が異常に早い点に注目が集まったというわけである。設備投資は新規発行の株券で行い、日々のキャッシュは潤沢に確保できているビジネスモデルのパワーは、まさにブラック・スワンのように気づかれなかったが、登場してからは当然のモデルになっている証拠である。

第6章

物流イノベーション

昭和の高度経済成長時代は生産量の急拡大と消費財の新商品登場によって、あらゆる産業が急拡大してきた。生産も販売も好調のために、在庫の積上と輸送の拡大が必要であり、倉庫も輸送手段も急激に膨らんでいった。この様な実体経済や国民生活を支える物資を輸配送するのは、自社内の倉庫輸送係であり、物流事業者であったから、膨らむ需要に合わせるのが精一杯であった。

景気循環は定期的な山谷を迎えることになり、その間にも貿易紛争や為替問題、オイルマネーや不動産への急激なシフトなど、産業界も揺れることが多かった。その都度、物流にも影響がおよびながら、物流・ロジスティクスは確実に進化を遂げてきた。主には規模の拡大であり、輸送機器や倉庫の設備投資であったが、平成期に入ってからは、新商品より新規事業化という流れに乗って、製造・流通・販売という基本産業から、6次産業化やネット通販、サービス事業者への物流サービスなど、形態の変化が見られた。また、流通分野では百貨店からスーパーマーケット、量販店専門店から、そしてコンビニエンスストアへと流通のチャネル進化と顧客シフトが見られた。物流・ロジスティクスは規模の拡大と業務範囲の拡大という、両方の進化を遂げてきている。

始まった令和の時代は、依然としてデフレ脱却が進まず、多様化する消費も、実態として量は伸びずに品種が増える時代となり、新商品、新事業から始まった流れはここに来て、新たな業種や業界の待望論が出てきている。100円ショップと高機能高付加価値商品の両方が期待され、また登場してきている。依然として日本の主力産業は自動車と建設・不動産ではあるが、このランキングにも変化が訪れるであろう。

世界ではGAFA(Google、Alphabet、FACEBOOK、Apple)のように消費者がコンテンツを提供しながら、プラットフォームというシステムがビジネスを構成する、消費者自らが産業の付加価値拡大をになっているのは全く新しい産業だといえるだろう。
ここでは物流技術やその歩み、新産業へのシフトを含めた物流・ロジスティクスの進化を整理してゆく。

第1節　重厚長大のエネルギー消費

物流はどれほど形容詞を使って表現しても、数えて運ぶという量の科学に基づく活動である。10個ならすぐに数えられるが、10の5乗（万の単位）になると人の手には負えなくなる。だから量を扱うには、技術という対処法が必要なのだ。

経済が地球資源を発見してから急成長したように、産業の出発はエネルギー革命であった。石炭、原油を源として多くの原材料資源を活用した産業が経済を牽引してきた。初めに鉄、そして化学、これらを応用した自動車、建設と医薬が主流となり、資本が集中するようになっていった。産業に合わせた物流・ロジスティクスも初めから整備された技術ではなく、量をこなすために進化を遂げてきた。古代の車輪の発明から進化を続け、空間を活用したり、人力を補う形で動力とロボティクス技術が進化している。

現在では量と規模をコントロールするために、デジタル化とロボティクスが活躍しているが、物流・ロジスティクスの基本は大量保管、大量輸送、作業の精度に掛かっている。特に量をこなすには設備の設計や運用のデザイン感覚が重要であるが、大量のモノを扱うにはこれまで見てきたように、商品・製品の在庫や輸送はビジネスにとって資金の行方と関係しており、経営そのものを左右する重要な要素になっている。

大量の在庫は企業にとって「**未実現利益**」であり、現代では経営リスクの一端に上がっている。売れ残る、陳腐化する、処分にコストが掛かる、過剰資産傾向となり、販売チャンスを逃せば黒字倒産の原因ともなっているからだ。

大量輸送もその前提にある大量生産、大量調達、もしくは大量貿易に関わってくるが、量は質量、重量に影響しており、エネルギー消費は

e=mc^2で規定・定義される。（e：エネルギー、m：質量・重量、c：光速定数、速度変化）

つまり、大量処理は重さに比例するエネルギーが必要であり、さらに速度を考慮するならその2乗にも比例する。高速乗用車が車軸下の重量を下げるためにタイヤホィールを交換するのは、このためである。

輸送速度を2倍に上げようとすると4倍のエネルギー消費となり、反対に速度を半分に減速すれば75％の省エネが可能になることをこの公式は示している。

物流・ロジスティクスにとって、現代の話題はコストであり、省エネであり、温室効果ガス削減というエネルギー問題と表裏の関係にある。大量である、高速である、ことの是非はエネルギー消費との関係で語らねばならない。軽量化、低速化を図りながらビジネス要請に合わせた物流・ロジスティクスこそが、これからの重点課題になっていることを再確認したい。つまり、必要とされるタイミングに合わせて、前持って必要な量だけを、ゆっくり運び、消費にフィットさせる調整バランスの技術が求められているのだ。

在庫は未実現利益であると同時に、**時間のクスリである**、というのが筆者の主張だ。生産サイドはいつ

までに作れるかの生産リードタイムが曖昧なので、作れるときに多めに作っておく。販売サイドでも顧客動向がわからないので、いつ売れるかわからないから多めに在庫しておき、欠品をなるべく防止したい。そのような、時を司る能力が足りないために、在庫は徐々に膨れ上がり、いつしか過剰となり経営問題と成り果てる。

増えれば重くなり移動のエネルギーが必要となり、処分の速度が必要になれば再びエネルギーが必要になる。すべてが調和とバランスを維持できたとき、最小のエネルギーで済むはずだ。在庫の速度を想像できることが重要になってくるのだ。

第2節　物流・ロジスティクスのインフラ

物流・ロジスティクスにとっての活動基盤となるインフラは、港湾、鉄道、空港、道路という輸送手段の装置であり、保管や加工のための倉庫が物理的なものとして明示される。しかし、実際の物流・ロジスティクス設計においては、保管・輸送・作業のコストや速度を考慮するために、立地や経路が重要となり、次に要員を支配する情報システムが欠かせないインフラとなっている。

特にＡＩや物流情報システムが物流・ロジスティクス全体監視を行うようになると、在庫や輸送を最小限度に抑えようとするネットワーク構想が前提に含まれるようになる。従来産業型の製造～流通保管～消費移動という物流・ロジスティクス工程が進化している現代では、消費に連動する情報システムの機能が最大のインフラであり、活動基盤になりうる時代になった。

製品調達や製造工程がグローバル化するにしたがい、需要と消費動向は高速情報網で接続されたプラットフォーム上に配置されたコマの反応で処理されることになる。

従来から物流・ロジスティクスは企業の競争力として意識されてきたが、エコシステムという経済持続性の観点から、産業内部の共同事業としてみなすことが増えてきている。共同物流や共同運営を前提とした物流のアウトソーシングが進んできているからだ。

激しい競争を続けているビール飲料業界でさえ、先に述べた物流危機やエネルギー問題の課題対処とするために物流の共同化を進めようとしている。さらには、異業種業界との共同化までもが視野に入り、すでに実証実験が行われるようになっている。

このように物流を競争力から、ビジネスのインフラ活動と捉えるようになると、残される最も重要な活動は製品・商品の情報管理であることに気づくだろう。

モノのライフサイクル、製造による誕生から移動、消費、消滅、リサイクル、経済精算という活動における工程をトレースすることが物流活動となり、物理的な数えて運ぶことの重要性が徐々に下ることになる。

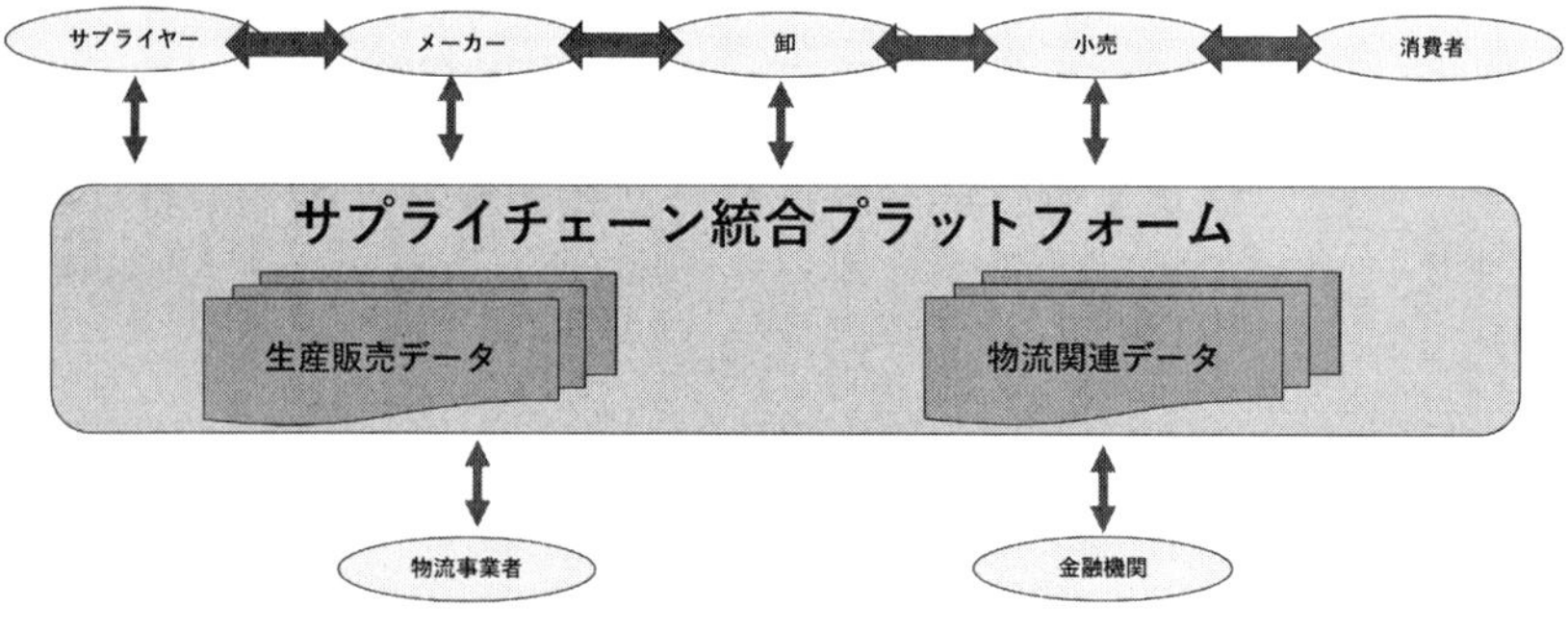

図21：経団連の期待するサプライチェーン統合プラットフォーム

ここに経団連が主張して、物流・ロジスティクスに期待している未来の姿があるのだ。

それは図で見えるように、モノの情報を共有化するためのプラットフォーム構想であり、業界をつなぐインフラとなるサプライチェーン全体を統合して欲しいという提言だ。

共通の情報システム、共同のコード体系、普遍的な情報通信とデータベースの設計を元にした、どのプレイヤーも利用できるインフラとしてのサプライチェーン統合プラットフォームが求められる姿である。そこにはモノの情報と合わせてカネの決済情報が繋がれ、モノ、カネ、情報が一体化となってすべての状況がリアルタイムにトレースすることができるようになる。

前に述べた在庫情報も共有されることで、ムダが排除されスリムなパイプランが構成されることになる。

第3節　GAFAと情報産業

日本政府が世界に向けて発信しているSociety5.0という未来社会のコンセプトがある。政府広報では動画で紹介されているが、そこにはAI家電やドローン輸送、無人バス、遠隔テレビ診療などの技術が社会を豊かに変えるという夢が語られている。

かつての日本の主力産業だった鉄鋼・造船は時代とともに自動車・住宅・家電に変わり、さらに世界の産業はGAFAに代表される情報産業に完全にシフトしている。日本の精密機器メーカーはアップル社のiPhoneに部品が採用されるかどうかの熾烈な営業競争を中国、韓国と行っている。そしてソサエティ5.0社会を迎える今、これからの物流・ロジスティクスの役割も大きく変化することを期待されている。サプライチェーン統合プラットフォームを実現させ、それぞれのプレイヤーが期待している役割は、次の図に代表される物流の姿だ。

この図は経団連がすべての産業界からの物流・ロジスティクスへの期待として紹介しているイメージである。大量の原材料・資材商品を一括して処理するような、巨大コンビナートのイメージではなく、まさにコンビニエンスストアに展開している様々なサービスの一括提供に近いイメージである。

Society 5.0
AI家電
ドローン宅配
AIスピーカー
スマート農業
無人走行バス
図22：ソサエティ5.0イメージビデオ

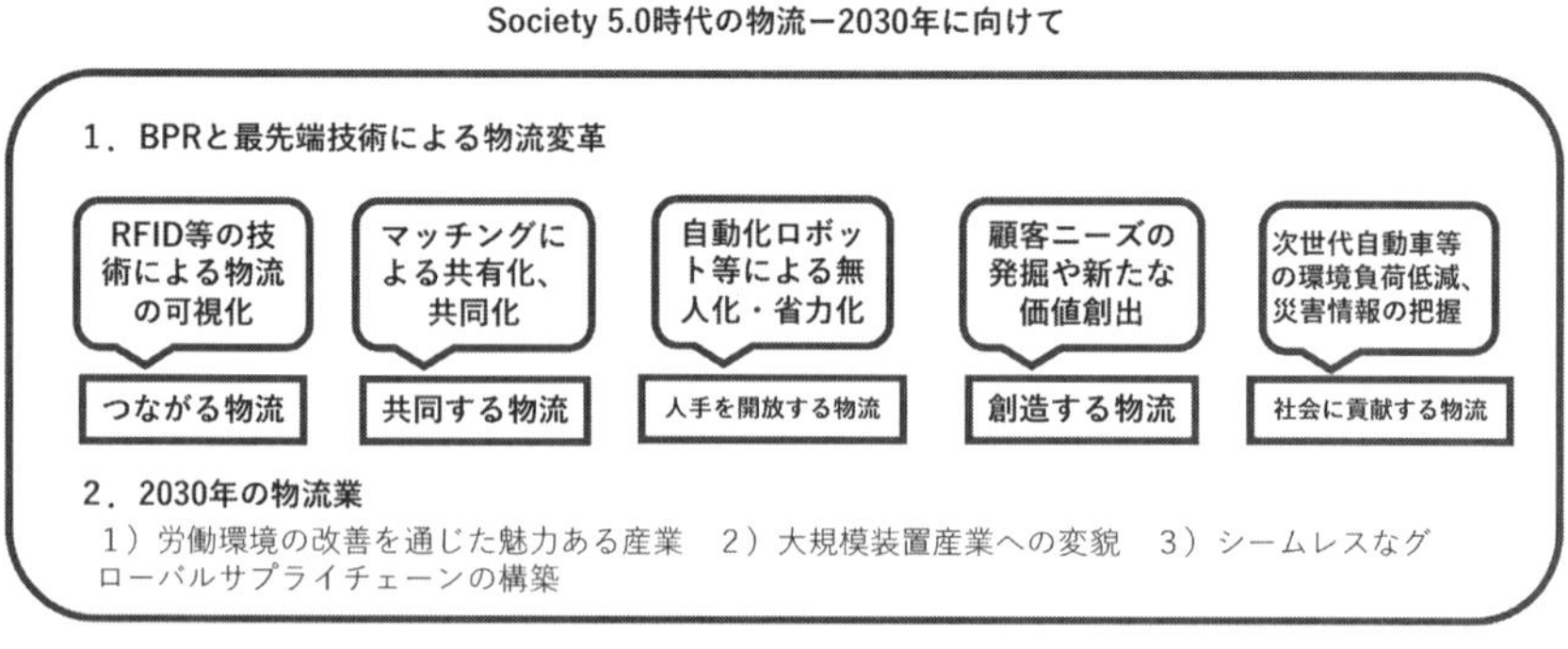
Society 5.0時代の物流ー2030年に向けて
1．BPRと最先端技術による物流変革
RFID等の技術による物流の可視化
マッチングによる共有化、共同化
自動化ロボット等による無人化・省力化
顧客ニーズの発掘や新たな価値創出
次世代自動車等の環境負荷低減、災害情報の把握
つながる物流
共同する物流
人手を開放する物流
創造する物流
社会に貢献する物流
2．2030年の物流業
1）労働環境の改善を通じた魅力ある産業　2）大規模装置産業への変貌　3）シームレスなグローバルサプライチェーンの構築
図23：ソサエティ5.0を支える物流

つながり、共同し、人手を開放し、新たな価値で社会貢献する物流・ロジスティクス、一体どの様な進化要素が含まれているのであろうか。まず重要なのは、モノの発生から消費消滅までのライフサイクルをトレースする情報システムのあり方である。モノが生まれた途端にＩｏＴ端末などがセットされ、環境データとともにモノの移動や加工、債権の伝播などの物的・経済・状況・環境情報が記録・更新整備されて、物流・ロジスティクスの基本動作として保管から移動を繰り返してゆくことの記録が重要となる。

ＩｏＴがもたらす情報接続は、モノとつながることで図のような物流情報取得が可能になる。

モノがインターネット経由で接続され、しかも５Ｇやさらに次世代の６Ｇ接続となると、「多数同時接続」、「超低遅延」という複数接続が反応時間差という時差がなくなり、空間と距離を超えて目前にある状況と何ら変わらなくなる。

生産工場から完成した商品が、仮にディスプレイ上で目前にあり、機械であればそれを操作することも、その結果のアウトプットも処理できる。５Ｇ、６Ｇ通信網の整備はこれが手元のスマホで実行できる環

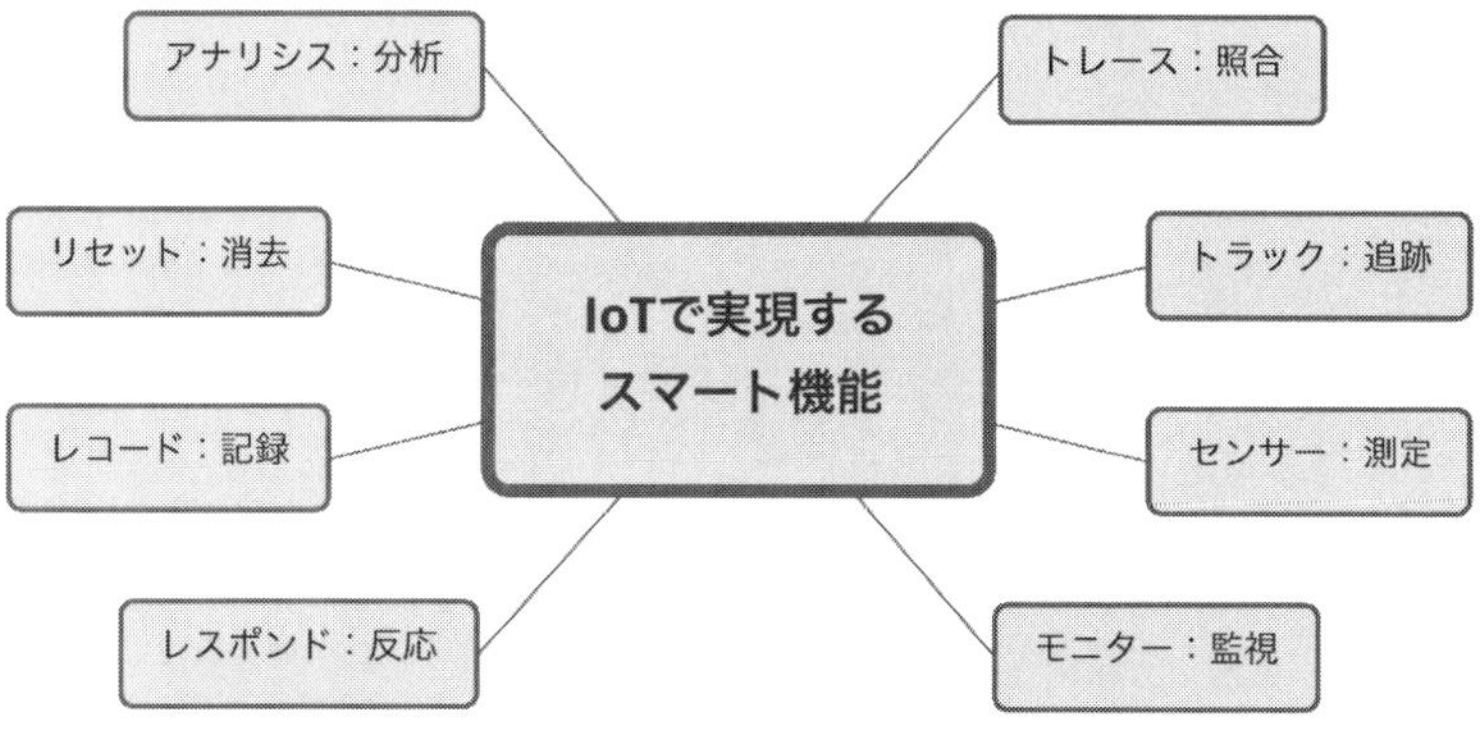

図24：スマート物流の機能

境がまもなく訪れることを意味している。

高速情報網の実現は、リアル（実物）とバーチャル（仮想空間）、アトム（分子）とデジタル（データ）との融合や統合が可能となり、消費の実感がまさに購入、所有ではなく、利用、使用することが実現することになる。手元にモノがなくても、モノの価値と効用を実現できる環境が高速通信網によって生まれるのだ。外科手術を手術室ではないところから執刀できたり、遠隔地にあるスポーツカーを手元のスマホで運転することもできるし、バーチャル旅行などもお手の物になるだろう。

これは何を意味するだろうか。筆者は今までの物流・ロジスティクスへの大きな脅威と考えている。すなわち、**物流・ロジスティクスが全く不要の究極ビジネス環境が出現するに違いないからだ。**

もしモノを保管や移動しなくてはならない環境が生まれるとすれば、それはもう哲学の領域に到達してしまうだろう。

ＩｏＴ技術は物流・ロジスティクスと同様に軍事領域の研究から生まれた。人工衛星を活用して、軍備装備の動向や動態監視が可能となった。今や軍事行動はロボットやドローン、無人偵察や無人攻撃などの高度な技術が導入されつつある。同じ傾向が物流・ロジスティクスへの応用が期待できるのだ。それぞれのイノベーション動向を俯瞰してみる。

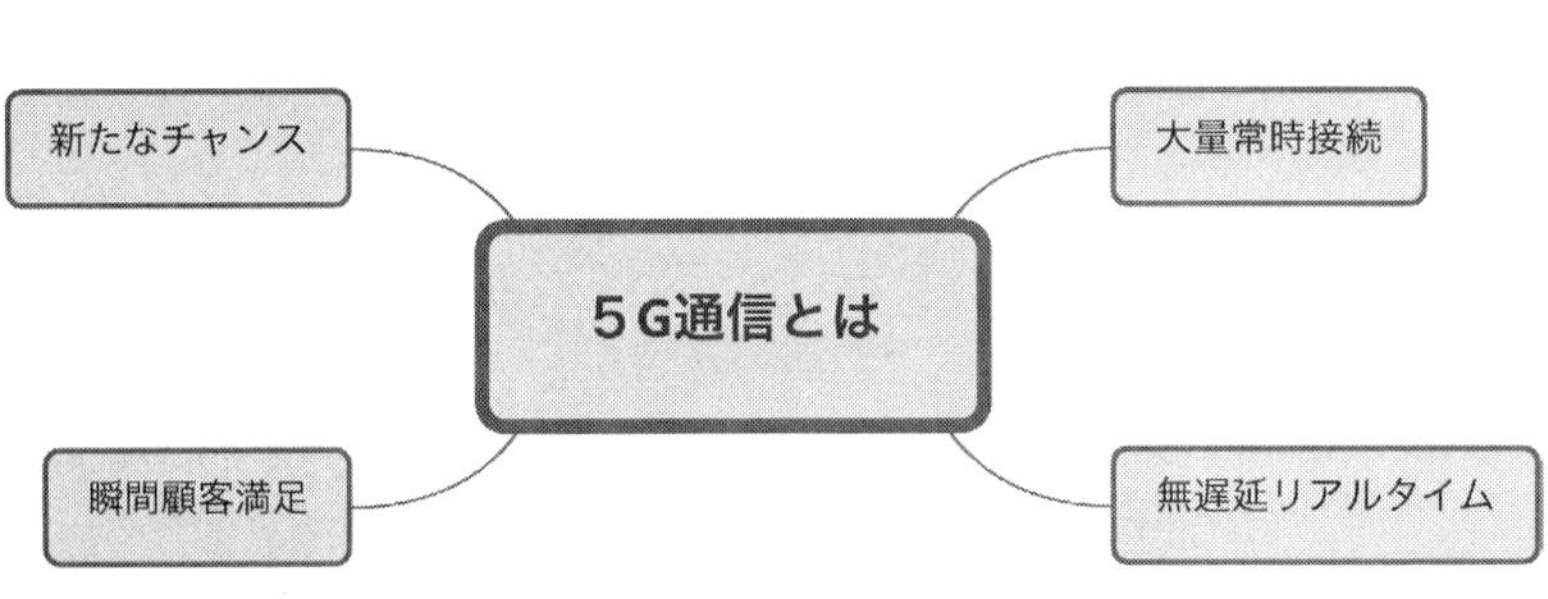

図25：5Gによる実現機能

第4節　ロボティクスの課題

物流・ロジスティクスは量の科学であり、従来のように大量生産、大量・高速移動を前提とするなら、人力に頼る作業はすべてがロボットに置き換わってゆくことだろう。少なくとも現在でもロボットは、人の腕や手の役割を行えるようになっているが、まだ「指」に代わるまでの微妙な力加減や操作方法を習得できている話題は少ない。

サイコ・サイバネティクスという理論では、人がテーブル上のりんごを掴む動作は、視覚、筋肉、自分の腕の動きを観察しながら、微妙に筋肉を作用させ、最後は手、指で感触を把握しながら掴む、という一連の動作を瞬時に判断し、即座にフィードバックして初めて行えるものとされている。計算式や公式だけでは不可能な、微調整が為せる技というらしい。これをロボットに代用させるとなると、カメラや感触を測定できるセンサー、微妙な力加減が可能なモーターなどの総力戦が必要になる。

物流作業ではこのようなサイコ・サイバネティクス活動が欠かせず、ロボティクスの応用範囲がどうしても限定的になってしまっている。自動車の自動運転研究によってレーザーセンサー**LiDAR**(Light Detection and Ranging)が登場して、この様な微調整、フィードバック技術が進化しているので、今はとても高額なレーザー装置が価格低減によって指作業を代行するロボットの登場も期待できるだろう。

物流・ロジスティクス現場へのロボティクスなどの高度な技術マシン導入にあたっての課題は、設備投資と減価償却および租税問題である。どのような価格帯であれ、設備投資は減価償却回収計算がなされるはずだから、人代わりであるのなら省力化効果や要員削減試算によって、投資回収計算がなされなければならない。人手では不可能な24時間連続作業など、長時間運用の可能性によって、この回収計算が成り立ちそうではあるが、実際の物流工程現場では24時間稼働がまだ常用されておらず、省力化効果の試算は成り立ちにくいのが現実だろう。

しかし、自動搬送、自動格納、自動集品などの大量処理ロボットはすでに現場に導入されており、人手に代わる機械として長時間運用が可能になった。深夜早朝にロボットが大仕分けや作業準備などの前工程を仕立てておき、作業者の業務軽減を図ることは可能になるだろう。

ビジネスや事業の成果や効果を示す全要素生産性は、機械ロボットなどの設備投資と労働時間などの労働力、および技術進歩で示される次の公式で表される。

Y=f（K）+f（L）+α　Y：生産額　f：関数　K：設備投資額　L：労働力コスト　α：技術進歩係数

したがってロボットはL：労働力の代替であることから、省力化効果の正確な試算が成り立たねば導入は見込めない。昨今のように、実証実験やテストトライアルはこれから格段に増えてゆくであろうが、正確な試算検証が重要なのだ。メディアなどでロボティクスの導入が目立つように成ってきているが、それは将来の人手不足解消問題と若手のリクルーティングには好影響を与えているらしい。従来は体力と汗の現場が、デジタルとロボットに変わるのであれば、若者にとっても魅力的な職場になるに違いない。その意味では現状の物流における輸送や作業の人手不足を代替するためのロボティクスは、期待は大きいが投資回収試算や広告宣伝効果との兼ね合いで投資決定可能かどうかが分岐点となっている。今後は、製造現場のロボットがロボットを製造するような量産効果によって、圧倒的な低価格が実現できることが期待される。

第5節　AIと技術革新

すべての産業がDX（デジタルトランスフォーメーション）を目指しているという。業務や作業がデジタル化することによって、同じ品質精度の作業が再現可能となるわけである。人手や目視、手入力や読み上げなどのヒト作業はアナログであるから、これらをデジタル化することの意味は大きい。

同時にカメラやセンサー、様々な測定器などが開発され、ヒトの五感を代用することが可能になってきている。最も期待できる技術にAI（**人工知能**）があり、ヒトの直感や判断、思考や思索を行うプロセスが研究され、アルゴリズムという名のプログラム化が進んできている。

ヒトの直感は経験と知恵の集積であり、物流・ロジスティクスでは危機管理や危険回避、予測や推定においてその活用が大いに期待されている。特に話題関心が高まっているのは、輸配送計画における車両手配という配車計画と原材料商品の在庫分析と需要予測、発注判断という領域である。従来まではベテランの経験と勘に頼っていた業務であるが、要員不足や能力の限界、担当者の退社などの人的要因からすぐさま代替できない課題から期待されているのである。

様々なビッグデータと経験則に基づく学習パターンを記憶させ、独自のアルゴリズムを開発しているという話題ではあるが、公式や設定方式などの一切合財が「アルゴリズム」という名のブラックボックス化しており、ＡＩシステムやその利用料が高額になる傾向がある。何でもかんでもＡＩで解決できる、というわけではないが、仮に熟練の作業員の支援や補助ができることで業務負荷が下げられるのであれば、積極的に開発を進めるべきであろう。

システム評価としても費用対効果の検証が行えればよいのだが、事例としてもまだ実証検証や実験的採用に留まっているようである。膨大なデータを自動的に解析して、一見無関係なデータ同士の相関関係を導き出せるのがＡＩのマシンラーニングである。様々な相関関係から、因果関係につながる仮説をもたせることで、人に代わる意思決定機能を発揮できるかもしれない。

今後、ある特定の熟練者の経験則だけに頼った業務運営は期待できず、専門要員の確保や働かせ方問題から、ＡＩやシステムへの期待は大きく、先進事例の情報収集は重要な要素である。

物流・ロジスティクス活動における技術革新は、先程の**Y=f（K）+f（L）+α**で示される生産関数の中でも追加・付加部分αであるから、αの拡大やK，Lへの代替技術となって総生産量への効果も期待されている。ＡＩ技術は医療現場のエキスパート機能や証券市場などでの株主行動予測、金融機関の融資判定、結婚お見合いの成約率など、多くの産業で利用されるようになってきている。ヒトの行動を分析して、ヒトが思いつかない新たな価値の創造に行き着くとき、ＡＩの人類への貢献が果たされることになる。

今までＡＩの研究動機がコスト効果優先とされる状況にあり、新たな付加価値創造というコストアップ要因に向かうことは少なく、今後の開発方向の進化に期待したいところである。

技術方向においては、この様なK,Lに代替するようなコスト効果、また未開拓領域ではあるが物流・ロジスティクスにおける新たな価値創造への貢献、代替という領域が残されている。特に物流・ロジスティクスと生産、販売、サービス提供という境界線が薄れている現代、生産技術や販売支援などが組み込まれる可能性は十分にある。

例えば、クリス・アンダーセン著『**メーカーズ**』で紹介された**3Dプリンター**（積層生産技術）は、すでに多くの生産現場や街なかの技術工房でも活用されるようになっている。デジタルデータとフィラメントと呼ぶ抽出素材があれば、どの様な加工物もたった一つから制作できるマシンである。

フィラメントはすでに柔軟なビニル素材から金属加工に適した硬化物もあり、ユニークなものでは食品や菓子、自動車ボディのＦＲＰや建設用コンクリート成形まで展開できている。

３Ｄプリンターはまさにオンデマンドでモノが作れる技術であり、データとフィラメントさえ確保すればオフィスでも倉庫でもその場所が生産工場になる。

佐川急便ＳＧは、配送拠点の倉庫内に３Ｄプリンターを設置して、光学機器の保守部品をオンデマンド生産と流通サービスでサプライ供給の運用を開始した。

物流・ロジスティクスとファクトリーの一体化がすでに実現しており、３Ｄプリンターの登場により商材の発展には何の制約もなくなり、今後はオーダーメイドのドレスや食品、ケーキ工場、カスタムメイドの自動車部品工場、場合によってはプレハブ住宅までもが倉庫内部で可能となるのだ。

ＥＣが電子取引と呼ばれて在庫品の販売機能を示してきたが、今後は在庫品だけでなく、３Ｄプリンターによる個別製造と直販が可能になるだろう。まさに物流・ロジスティクスと生産、販売事業の統合が進むことになる。

第7章

顧客の創造

P・F・ドラッカーの数多くの著作の根源には、「ビジネスの目的は顧客の創造である」が息づいている。ビジネスを継続的に発展させるには、顧客が必要であり、商品のライフサイクルが宿命なら顧客そのものを作り出すことが必要になる。商品サービスや市場の中での競合との対立概念ではなくて、消費者そのものを自ら生み出す働きかけこそ、産業創造であり、市場開拓だというものだ。

最近の日本の産業状況を振り返れば、戦後から高度経済成長を遂げた背景には新商品の連続的な登場があった。3Cと呼ぶ、カー、クーラー、カラーテレビに代表される家庭での耐久消費財や**新商品**が行き渡るために多くの自動車、家電業界が急成長した。バブル崩壊後のデフレ期には、本業回帰、**新事業**挑戦を巡ってさまよいや迷いが多かった時代である。そして、30年のデフレが抜けきらぬ現在、新商品も新規事業も可能性が薄く、我が国の経済地位はますます低下してきて、それでもなお復活のためには**新産業**そのものが模索されている。

ジャパンコンテンツとして、キャラクターやアニメ、カルチャーや文化そのものに焦点を当てた産業作りが進んでいるとも言えよう。産業を生み出すためには競合を含めた新規市場が必要であり、そこでの消費活動を行う消費者、顧客が必要になる。まさに顧客創造が今求められているのではないか。

物流・ロジスティクスが企業のマーケティング活動に含まれていることから、顧客創造や開拓、維持、満足度の向上などに多くの機能を物流・ロジスティクスでも分担しなければならなくなってきている。従来までの物流・ロジスティクス役割は、**「必要な時に、必要なものを、必要なだけ、届ける・保管する」**という機能面とその性能向上だけで評価されてきたが、いわば保管や輸送・作業という単機能での機能性能の競争はすでに終わっており、3PL（総合物流受託）という業態が登場した頃からは、複合機能や製造の上流工程、販売の下流工程までの範囲の経済性を活用した、産業の一気通貫、統合化による総生産性向上を目指している。

第1節　マーケティング原理

顧客へのアプローチとしてのマーケティング活は、従来の商品やサービスを前提とした4P(product price place promotion)が前提であったものが、今では通用しづらくなっている。それは商品に魅力がなくなったというわけではなく、類似するモノがあふれ、よく似たような区別のつかない価値の商品がますます台頭してきており、挙句の果てには100円ショップで売りさばかれるようになった供給過剰の実態がある。

そもそも長年続きながら、依然として脱却できないデフレ経済の原因は供給過剰、需要不足にあると言われている。

需要を喚起させるには、新たな価値、差別的な商品やサービスが不可欠であるが、それ以前に消費傾向や需要を支える所得問題が大きな原因となっていることも事実である。

次の所得分布のグラフは**悪魔の分配グラフ**と呼ばれたもので

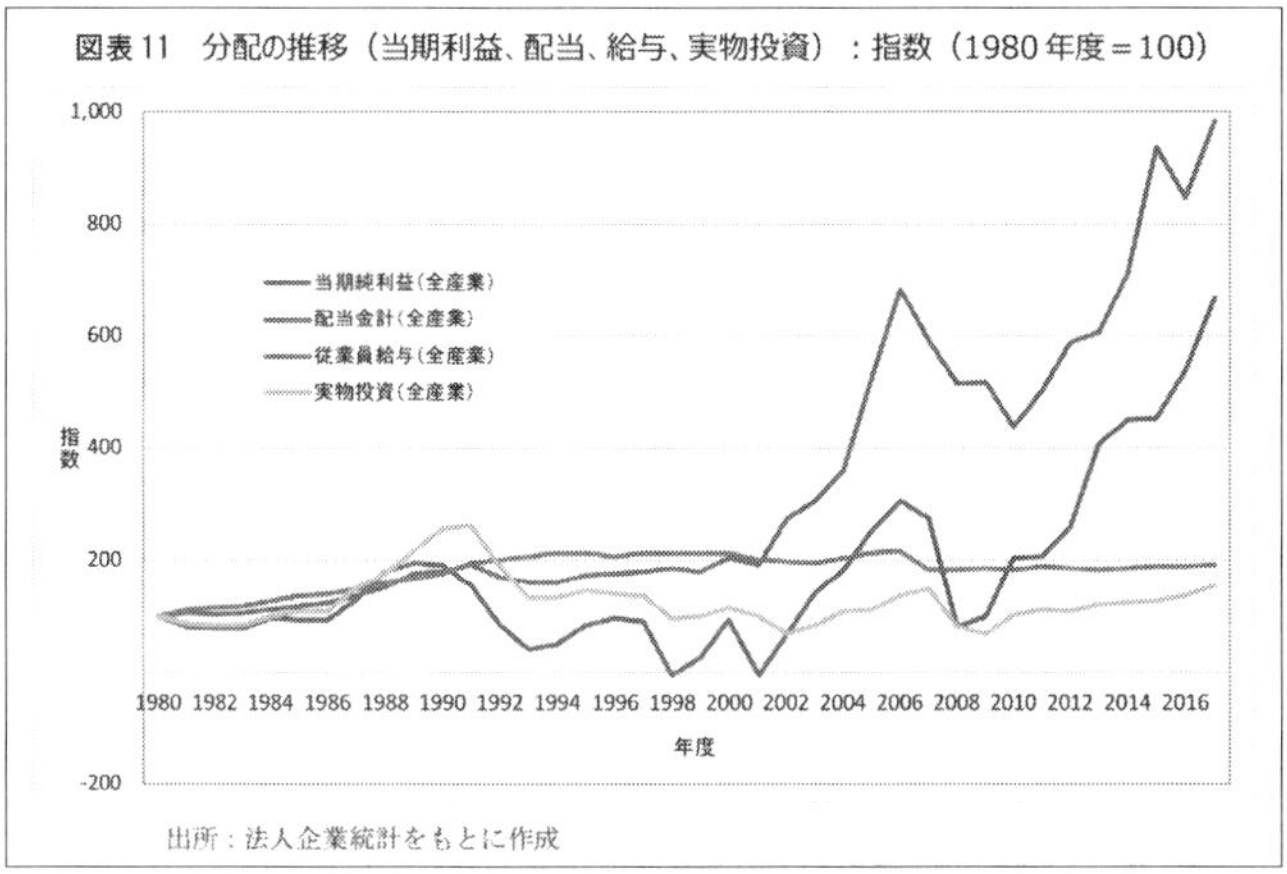

図26：利益分配のグラフ

ある。日本生産性本部が２０１８年に公開したスマートエコノミー提言で利用した、所得分配のグラフである。

１９８０年を基準に企業の当期利益、配当は大きく成長しているが、賃金はほとんで変化せず、むしろ実質賃金では大きく目減りしている。この様な状況では購買意欲も高まらずに消費市場が縮小しているともいえる状況なのだ。デフレ原因がこの様な需要不足であるならば、顧客創造とは異分野からの奪取やシフトであり激しい競争が当然になる。場合によっては低価格競争が行き着くところまで進むことになる。

いかに優れた商品であっても、激しい価格競争に揉まれてしまえば、汎用品として１００円価格まで低落するのは時間の問題であり、そのサイクルにハマれば抜け出すことは難しい。

新たに顧客を生み出すためには、**ＳＡＶＥ**で示したマーケティングモデルの様に、ソリューションとしての商品開発や顧客層への発見と到達が必要になる。

前述したブラックアンドデッカーがセールスマンに呼びかけた「顧客はドリルが欲しいのではなく、ドリルの穴を求めているのだ」という命題に従い、セールスマンはホームセンターなどの既存の得意先に対して、有料のワークショップ教室や加工サービスを提案して、店舗オーナーから評価を受けた。

評判と加工サービスを受けた顧客は、自家用のために手にしたのはＢ＆Ｄ社製品であったという。

顧客ニーズを的確に把握し、明確なメッセージで開発した事例を基に、物流サービスにおいての顧客開発の可能性を検討してみたい。ＳＡＶＥコンセプトに従い、物流がどの様な問題解決を成し得るかを整理し、そして顧客にはその事にどのように気づき気づかせるか、また正しく理解できるかどうか。その結果として、サービスへのコンタクトを求めて行動するのかを一連のプロセスとしてＳＡＶＥマーケティングを行う必要がある。

顧客の創造とは、漠然とした顧客の課題や問題を特化し、その解決策を示すことから始まる。

本書で主張している物流・ロジスティクスの目的は、モノの扱い方ではなく、ビジネスにおける成功や進化の促進をモノの視点から観ているわけであり、ビジネスが市場からの収益を求める以上、物流・ロジスティクスはその手段として機能と性能を発揮することを目指さねばならない。顧客の創造では、従来からの市場や顧客層から離れ、浮遊・回遊しながらモノの情報を振りまき、誘導することによって獲得の機会を伺うことになる。例えが悪いが消費市場に撒き餌によって、商品やサービスの吸引力を高めるための営業補助をどれほど実行できるかの取組みもできるのである。生産販売の確定した商材の保管と輸配送だけでなく、市場におけるソリューションの広報宣伝活動にも役立てることが物流・ロジスティクスのこれからの役割になるといえるだろう。

第２節　素材と業界の定義

物流・ロジスティクスは産業とともに生まれ、進化成長を遂げてきた。自らが成長原資を持つわけではなく、物流・ロジスティクス活動の依頼主、顧客の拡大成長とともに伴走・並走しながら成長してきた。そのために、扱う商材には専門特化する傾向が強く、農産品、鉄、自動車、化学、医療、被服、住宅原料などの素材との相性が強く、専門化した事業になることが多かった。そのために経済成長期には産業の伴走とともに成長を遂げてきており、景気低迷においてはひたすら値下げ対応で産業に応じて推移し、いうなれば縮小均衡を図ってきた。

産業とは素材で語られる事業であり、原材料素材の延長線上に物流・ロジスティクスの特性も現れていた。自動車、鉄鋼、食品、衣料、住宅などが主力の産業であり、それに特化した物流・ロジスティクス企業も多く存在している。そのために既存顧客層への満足追求や要望進化への対応に注力することが多く、新規開拓や顧客創造という視座を持つことは少なかったと言えよう。

方や消費財流通業においては、様々な小売業態への物流・ロジスティクスが機能面を強化しながら進化しており、特に情報システムやツールの開発には熱心な取組みを果たしてきた。小売店舗のＰＯＳレジシステムに連動するために、商品にはバーコード表示がなされるようになり、外装箱には内容物が把握できる独特のコード（ＩＴＦコード）などが採用されるに連れ、物流・ロジスティクスの運営現場に様々な情報ツールが導入されるようになった。

モノの扱い方において、精度と速度が発揮されるようになると、次の段階では商材への応用が進むようになり、例えば食品のトレーサビリティシステムが商品の履歴を物流・ロジスティクス現場で管理できるようになると、そのサービスを別の商材へ応用するようになり、原材料を超えた業界をまたがるサービスが物流・ロジスティクスで行われるようになった。

つまり、物流・ロジスティクスの機能進化が新たな顧客や市場を創造してきたともいえるだろう。また逆に既存の物流・ロジスティクス進化が新たな物流技術や進歩を促進して、汎用化された技術が異業種や異業界への普及によって、顧客満足度が急激に向上するという効果ももたらしてきた。それは、商品コード管理やバーコードラベルの発明であり、それによってモノの扱い方について速度と精度の両面からの急激な進化をもたらしてきたといえる。

業界には独特の商習慣があり、異業種から見れば超えられない境界線があるようにも見えているが、その実、物流・ロジスティクスというモノや情報の管理手法においてはいずれも共通することもあり、その意味では業種業界が景気動向に極端に左右されながらも、物流・ロジスティクスにおいては業種業界をまたがることで、繁閑調整や景気動向の波から逃れることもできたわけである。その意味でも物流・ロジスティクスの既存業務を行いながら、新たな顧客を自然に開拓できてきた、または意図しないところに新顧客が登場してきたという場面も多く見られた。

昭和後期の規制緩和時期に登場した、物流・ロジスティクスの新たな業態としての3PL（総合物流請負サービス）は、商材や産業をまたがる異業種混在の物流・ロジスティクスサービスの誕生の契機となったといえる。重電・家電を得意としていた日立グループにあった日立物流社は、今や量販流通大手の巨大物流センター運営企業として、総合物流事業者の雄となっている。

第3節　ブルーオーシャンを目指す

ブルーオーシャン戦略とはチャン・キム、レネ・モボルニュが2004年に公開した経営理論である。従来の業種業界での競争は、デフレ下においては激しい価格競争や過剰サービスによって、相対的に顧客満足度が低下するために、事業者の出血が収まらないことを比喩として、レッドオーシャン&ブルーオーシャンと対比したものである。ブルーオーシャンとは、その名のごとに青い海であり競争回避の市場を意味している。新たな顧客を開拓して、自らが新たな市場を作り出すことに成功したビジネスモデルを紹介して、活路を描いたのである。

端的に整理すると、ブルーオーシャン戦略とは既存顧客とは異なる産業業界へ、新規の顧客を求めることである。任天堂がゲーム業界へシニア層を取り込んだり、シルクドソレイユがサーカスから猛獣使いの代わりに音楽とエンターテイメントを活用して子供連れ以外の観客を呼び込んだように、業界と顧客市場を超越した新産業の創出ともいえる手法である。

次の図は、ブルーオーシャン戦略がどのような誤解に基づいて取組みが遅れているかを整理した、ブルーオーシャンの反証をチェックリストとしてまとめたものである。

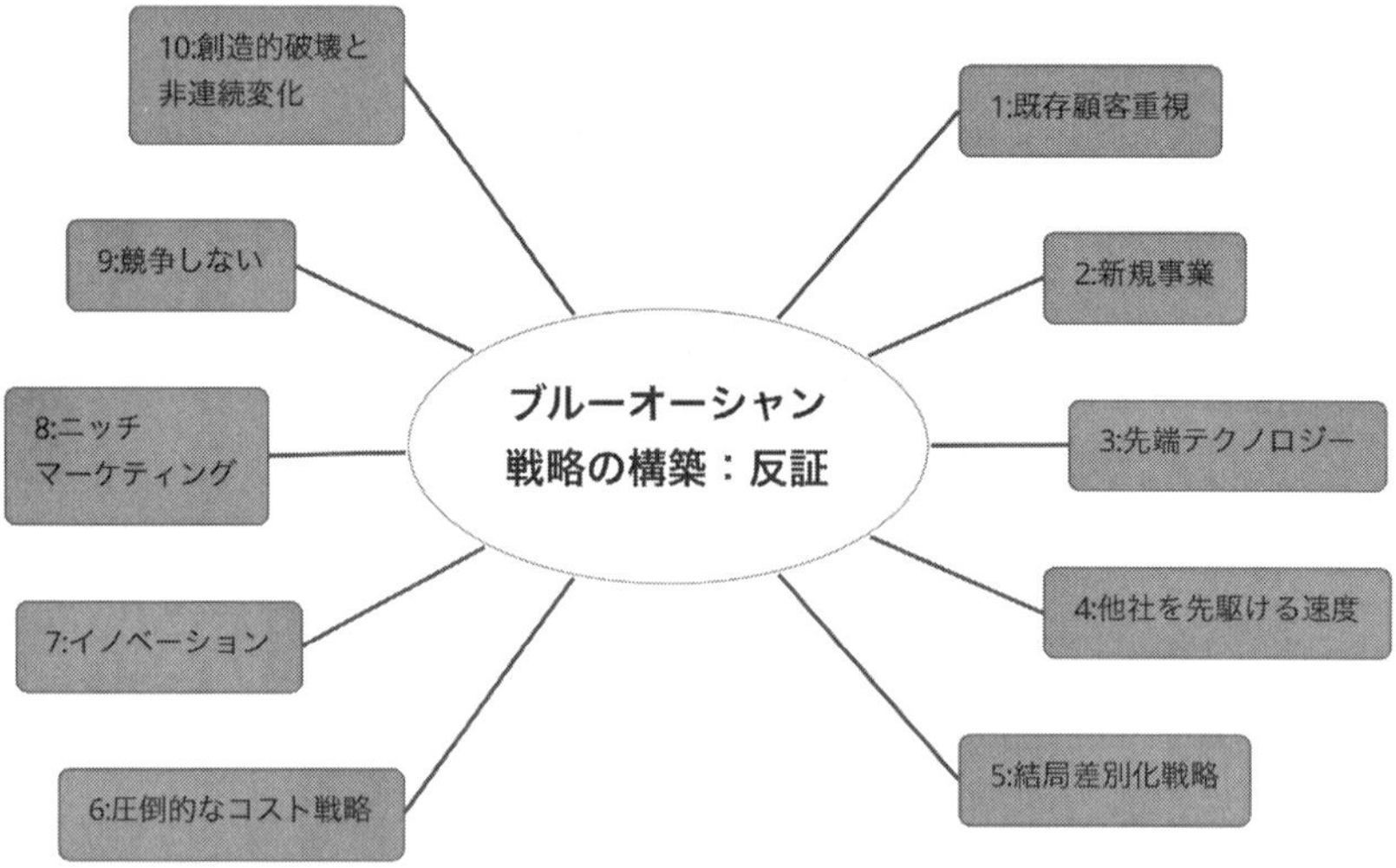

図27：ブルーオーシャン戦略の構築：反証

1：既存顧客重視である

NO：違うマーケット、今までコンタクトのなかった顧客を探し出すことである。

既存の製品が差別化以上の価値と驚きを演出する

例：任天堂がおとな向けのゲームを開発した

2：新規事業である

NO：既存事業、商品、サービスを磨くことで輝かせることである。

競争を離れた、顧客への新価値の提案

例：ビッグカンパニーにオンデマンド印刷機を据えて専用の駐在員がサービスを提供する

3：先端テクノロジーが必要

NO：異なる市場、顧客、価値の提案でアピールすることである。

革新的な技術や機材は不要であり、新たな価値を提案する

例：圧倒的な低価格での航空サービスの提供。ＬＣＣ格安航空会社

4：他社を先駆ける速度である

NO：既存事業の洗い直しによる創造を行うことである。

洗練と価値提案の斬新さを際立たせて、顧客を誘導する。

例：星野リゾートに見られるプレミアムリゾート、スーパーホテルの徹底したローコスト

5：結局差別化戦略である

NO：競争回避によって市場顧客を創造することである。

競合を意識しない、否定に近い新たな提案を行う

例：サーカスの常識である猛獣をなくし、洗練した音楽とショーでリメイクしたシルクドソレイユ

6：圧倒的なコスト戦略である

NO：価格競争ではなく、競合回避を行うことである。

機能を絞り、サービスを限定した料金設計による低価格化

例：ＬＣＣ航空、スーパーホテル、オンデマンド動画配信

7：イノベーションそのもの

NO：理科系科学、技術ではなくアート系の開発を行うことである。

文科系の発想と創造力を駆使して新たなサービスを生み出す

例：常識転覆では革新的なサービスが考えられる。スマホゲーム・経理ソフトなど。

8：ニッチマーケティング
NO：顧客層が小さく少ないわけではないから、王道でもある。
異業種市場からの移動、呼び込み、創造を行う
例：観光旅行産業は20兆円以上の産業であり、零細資本が主流であった。

9：競争しないことである
NO：既存競合からは回避、異業種との競争を行うことである。
玩具と趣味趣向の違いなど、類似だが全く別物を生み出す
例：サントリーの健康食品

10：創造的破壊と非連続変化
NO：自社事業は継続しながら、新規事業化を目指すことである。
業種業界の既存顧客を離れ、新たな顧客開拓を行う
例：個人向けオフィストランクルーム、情報産業向け倉庫のデータセンター化

物流・ロジスティクスが産業や素材に縛られ、景気循環に左右されながら、新境地を開拓してゆくためには、どうしても異業種顧客へのアプローチが必要となる。その意味でもブルー・オーシャン戦略の理解は、新たなマーケティング思考となることは有用である。物流・ロジスティクスが新たな顧客を生み出すために、今

まで縁遠かった産業や顧客へのアプローチとして、ブルーオーシャン戦略を活用するには、まず自らが帰属している業種産業の動向や状況を正しく把握する必要がある。激しい価格競争、過剰なサービス競争と化してレッドオーシャンとなっている実態を理解しながら、継続的競争を続けながら離脱のチャンスを目指さなければならない。そのためのトレーニングとしてチェックリストを活用して欲しい。

第4節　非満足顧客の発見

物流・ロジスティクスの帰属する顧客やマーケットでは、価格競争、過剰サービス競争に30年以上揉まれ続けてきた。物流・ロジスティクスの料金指標であるバルチック海運指数というものがあるが、国際貿易の船運賃指数であり、公開されている数少ない料金の基準値になっている。

国際貿易で利用される遠洋航海可能な船の種類は、図のようになっており、輸送する原材料素材と航路（パナマ運河経由、南アケープタウン航路など）により、サイズと料金などが定まっている。バルティック指数はばら積み船の運賃水準である1985年を1000（破線）とした、指数推移を示したものである。料金相場は景気に左右されるが、30年以上も前の料金を超えたのは（1000以上になったのは）海賊事件や違法攻撃などの緊急事態発生時だけであった。

それほど物流・ロジスティクスにおける世界の価格競争は激しく、今後の料金上昇は期待できないであろう。昨今の物流危機というドライバー不足による輸送問題も、需要と供給の急激なアンマッチが生じたわけであり、今後の景気動向に合わせて緩和に向かって収束することは明らかだ。つまり、物流・ロジスティクス価格や料金の上値追いは期待薄の状況にあるといえるだろう。

それでも物流・ロジスティクスの主要顧客や利用者は、コストを最優先して指名する傾向が根強く残っている。未だに物流・ロジスティクスには、単なる保管と輸送という付加価値を生まない活動だと信じているからである。そのように仕向けているものは、実は当事者である物流・ロジスティクス関係者であることも否めない事実である。つまりは、顧客満足の研究も開発も、そして満たすこともでき

図28：バルティック海運指数

ばら積み船 サイズ別呼称	標準重量トン	主な積載貨物
VLOC **Very Large Ore Carrer**	**25万トン**	鉄鋼材料、鉄鉱石
CAPE SIZE	**18万トン**	鉄鋼材料、鉄鉱石、原料炭
PANA MAX	**82千トン**	鉄鉱石、原料炭、燃料炭、穀物など
HANDY MAX	**58千トン**	燃料炭、穀物、塩、セメント、鋼材など
SMALL HANDY	**28千トン**	鋼材、綿絽、穀物、鉱石など
その他、タンカー船、LNG船、コンテナ船、自動車船、旅客船、タグボートなどの作業船		

図29：ばら積み船のサイズと呼称

ていない現実があるのだ。

価格とサービス内容は、従来の価値品質に相当しているであろう。従来の価値とは、機能とそれを実現するための料金価格で定義されてきた。現在は価値の捉え方は大きく多様化しており、機能と料金だけでは決して規定できないほどに輻輳化しているのも事実だろう。さらなる研究開発の余地は十分にありそうであるが、遅々として進まない実態がもどかしい。

物流・ロジスティクスにおいても、機能と価格だけでは価値を規定できず、その点からも顧客の満足度や不満度は測定が難しい環境にある。

不満度はクレームで測ることができるだろう。満足度もアンケートや営業接触で知ることができるし、売上の安定は満足度の指標であるから、ある程度の満足度確保は可能となる。しかしながら、顧客の層別分析を行うと、大半の%の満足度層と数%の不満層以外に20～40%の現状肯定と呼ばれる**非満足層の存在**が確実に見られる。つまり、「あえて不満もないが、決して満足しているわけではない」という浮遊層と見られる顧客群である。これらの左右どちらにもなり得る顧客層は、外部環境やある種のトピックや事象に突然不満を表し、逸脱するリスクが有る。決して満足しているわけではない状況から、僅かな不満要素が発生すると一気に流出する恐れがあるのだ。

自社の顧客分析が重要なのは、この様な中間層ともいえる顧客群への焦点を当てることであり、同時に業界や他社顧客群の非満足客の発掘を営業戦略に取り上げる必要性を示している。

業界内部での競争には、従来の価格、過剰サービスによって価値や品質感覚が常態化しているわけであり、その中にも非満足層が必ず存在している。ここへのアプローチを再検討する必要があるのだ。どちらでも良いと考えている顧客を当方に引き寄せるには、プラスαとして何が有効なのか。どのようなきっかけが魅力と映るのかを、価格料金だけでない機能面で新たな価値を追求することがブルーオーシャン戦略といえるだろう。

第5節　顧客は求めていない

非満足という状態を想像してみよう。現状に不満はなく、「どちらでも良い。便利な方で」というアンチ・ファンの状態なら想像できるだろう。不満も要望もなく、なんとなく身近にあればそれを買い、また利用することにこだわりがない状態である。顧客は自社の価値を認めていないわけではなく、空気や水のように利用したり、購入することに意識が及んでいない状態の購買層は確実に存在している。しかもその割合は想像を越えるほどに存在する。企業が顧客満足度を調査するためにアンケートを行う時に残念に感じるのは、応答率の低さである。およそ回収率が20％などとは高望みができないほどに低いのが通例である。つまりは、その逆数の80％近くが、非満足客とみなしても良いのではないだろうか。自社の顧客層にこのような非満足客を改めて認識するなら、決して放置してはならず、いつどんなきっかけで離脱してもおかしくない状態にあるのだ。

仮に顧客の80％が非満足客だと仮定すれば、それらの顧客を不満足のクレーマーではなく、絶大なファンにするための方策を考える必要があるだろう。

競合している他社の顧客層やマーケットにも、自社と同じように非満足客は確実に多数存在しており、ブランドスイッチやマインドチェンジは容易に起きるものだ。そのきっかけを探し出すことが、最初の顧客創造活動になるはずだ。

そこで、この様な非満足客の特性を整理すると、次のような行動特性が見られることになる。

●購入経験は独自のものではなく、単なる習慣や誰かの申し送りによって継続している
●評価作業は殆ど行わず、事故や事件発生によって簡単に離脱する（ブランド・スイッチング）
●ロイヤリティを上げるためのプロモーションには興味がなく、現状に不満も感じていない

ここでブランドとロイヤリティを取り上げる点に着目して欲しい。非満足客には今まで、この商材やサービスについて、特別の価値や他社製品との差別化要素には関心がなかったわけである。

つまり、ある種の働きかけに成功すればブランド支持もロイヤリティも獲得できることになる。その働きかけ方法はマーケティング活動にあるわけで、先に述べたＳＡＶＥ手法を顧客向けに徹底すればよいのだ。

どのようなソリューションと価値を与えることで獲得できるか、それは顧客観察と分析に掛かっている。通常のクレーム処理や上位客へのアプローチと何も変わらないはずだが、手掛けてこなかったという反省が重要である。**非満足客は当社に期待していない**、という現実を直視して、

「期待を越えるサービスやアプローチ、接点を持つように働きかける」ことが重要なのだ。

アプローチと顧客接点は、ビジネス活動のどの部署と主に誰がになっているかを振り返って欲しい。

経営者層は、営業部門か、生産や物流か、広報活動の部署なのか。

案外と物流・ロジスティクスに関わりがあるのではないだろうか。電話の問い合わせ、荷物の受け渡し、未着問い合わせや顧客相談窓口等、物流・ロジスティクスがになっている時間と顧客と接している幅は営業部門よりも広く深いことに気づけば良いのだ。

実際にあった話であるが、花王の新商品開発力は評判であり、その源泉は関連部署の**生活科学研究所**にあると言われてきた。商品クレームとしてお客様相談センターへの電話が入った。

「シャンプーとリンスはボトルの色が別れているけど、髪を洗っているときは下を見ていて、ボトルを見ることはない。間違えて使うことが多いので、なんとかならないか?」

直接の電話はクレームとして1カウントに挙げられた。

同じような話題は、店舗にも上がっており、ある時納品担当のドライバーもそれを聞きつけた。

製販物会議の席上で、新商品が議題にあげられ、営業系からクレームが、物流系から同種の話題があがり、「シャンプーとリンスを区別する方法」が議題となった。

その後、ボトルのデザインや形状変化、ボトルの凹凹マーキングのアイデアも生まれ、最終的にリンプー(シャンプー・リンス機能統合品)が生まれたという。

紛れもなく強力な新商品が生まれた瞬間は、市場情報を収集していた物流・ロジスティクス分野にあったといえる。新商品は新市場を生み出し、競合他社の非満足客を誘導したことは当然であろう。

優良なブランド支持を持つ顧客が要求したわけではなく、潜在顧客はソリューションを期待していたのである。顧客は正しい要望を示してはくれない。わかりやすい要望は価格や性能だけであり、新商品への期待はあっても具体的なイメージは持てないのだ。リンプーなど、登場するまでは誰も欲してはいなかったはずである。

かつてのファクシミリ、薄型液晶テレビ、スマートホン、タブレット端末など多くの画期的新商品は、顧客要望や意見からは生まれていない。開発者が顧客の生活状況を想像し、課題を見つけ、ソリューションとして既存技術の集大成として商品を開発したのだ。

物流・ロジスティクスは市場に直接アクセス、市場の中を彷徨している。日々市場の情報を収集できる立場にある。情報収集機関としての働きを求めても良いはずだし、それができてこそのセールスドライバーがいるわけだが、成功している産業はまだ生活協同組合の食材ドライバー程度しか散見されない。

物流・ロジスティクスは市場におけるセンサーではないか、という発想と視点を持てば、ＳＡＶＥマーケティングの応用は格段に広がることだろう。

コラム　物流不動産とは何か　no.4

移転、統合、物流再構築を企画している利用者にとって、メガ倉庫は極めて魅力的に映るに違いなく、事実上のデファクト・スタンダードに近づきつつある状態です。倉庫の移転ラッシュは依然として活発で、全国の倉庫統合（集約）企画の際にも十分な収納力と機能性を持ったメガ倉庫の優位性は揺るぎません。倉庫の新旧交代が確実に進んでいるのです。

このようなメガ倉庫に大手荷主が貨物を集約することで、従来型の大中小の倉庫が空いてくる玉突き状態が進むにつれて、空き物流物件の登録数も急拡大している状態です。

そこで生まれつつあるのが、倉庫専門の不動産仲介事業者で、いうなれば物流専門の不動産事業者の活躍が目立つようになりました。

メガ倉庫の登場によって玉突き現象は、最終的に多くの空き倉庫や地域を生み出します。

昨今の国土強靭化計画に従って耐震基準の厳格化が、倉庫の建て替えを強要していますけれども、利用者不在の倉庫に新たな改修投資は厳しいものがあります。

倉庫・運送業は各地域ごとの許認可産業でしたから、地域には地域の産業基盤にふさわしい規模の物流施設がありました。物流サービスは顧客の成長と共にありましたから、運送の高度化によって地域を離れる顧客が出てくれば、取り残されてしまうのは物流施設です。

全国の企業城下町には多くの物流施設が残ります。再開発、再利用、用途変更が必要なのです。しかも、早急な対応が求められています。

P.183へつづく➡

第8章

バリューチェーン

マーケティング関係では商品を売るのではなく、売れる商品を作る、という意味から、プロダクト・アウトからマーケット・インへと長く言われてきている。

市場マーケットにどのような価値を提供すれば良いのか、そのための価値創造工程はどうあるべきなのか、という視点でバリュープロセス、バリューチェーンという概念が生まれている。価値創造の視点がバリューチェーンであり、モノを起点とした商権や資産の受発注業務の連鎖をサプライチェーンと呼ぶのとは対比される。原材料から滞りなく物が作られ、マーケットに供給される際には、物流・ロジスティクスの活動が重要であるが、価値創造では「利は元にあり」とした松下翁の思想どおりに、企業内活動が重要視される。自分の手元から価値を増やす活動が重要であり、活動の成果は価値で測ることができる。それが原価であり、売価という構造であるが、活動の品質が低ければ歩留まりやエラー率が増加して、全体としての価値が下がってしまうことになる。ただし、厳格に原価と売価を各プロセス内部で測定している企業は少なく、京セラのアメーバ経営のような小集団売買契約で成立する組織は珍しい。

そのため、価値創造を企業組織内部で実感することは少なく、ただ単に購買、製造、販売という組織によって価値創造がなされたと判定しているに過ぎない。

水や空気といった自然公共財、自然原材料から価値ある商品を生み出して有料化することも、企画次第であるし、逆に顧客教育の成果として普遍な商品に付加価値を与えることもできる。おいしい水、きれいな空気という環境商材は、主要な原材料は天然物であり、付加した機能や素材には僅かな原価しか残っていないにもかかわらず、高額な商品化に成功している例も見受けられる。好ましいとは言えないが、これも価値創造のバリューチェーンと呼べるだろう。

原材料獲得から、製造工程を経て、付加価値が積み上がってくるので、プロダクト・アウトであってもバリューチェーンは成立する。価値創造のプロセスには、企業内の物流・ロジスティクス活動があることに留意したい。

第1節　付加価値の源泉

物流・ロジスティクスは**調達物流、生産物流、販売物流、還流リサイクル物流**に別れているが、対象とする商材は原材料、半製品、完成品、販促付属品、使用後回収品など、すべて価格表示されるものが多い。したがって、物流・ロジスティクス活動において、商品の価値を保全しながら、毀損防止や予防に努めることが最優先として挙げられる。バリューチェーンはまず企業にある組織活動に原点がある。

マーケットに対しての商品サービスの提供は、様々なビジネスモデルによって行われるが、原材料加工や製品化ライセンスなど、コスト計算と提供価格のギャップが妥当性と競争力のあるものでなければならず、商品化企画には複雑な原価計算の組み立てが必要になる。

図で示すように企業内部、企業グループ内部での購買から製造、販

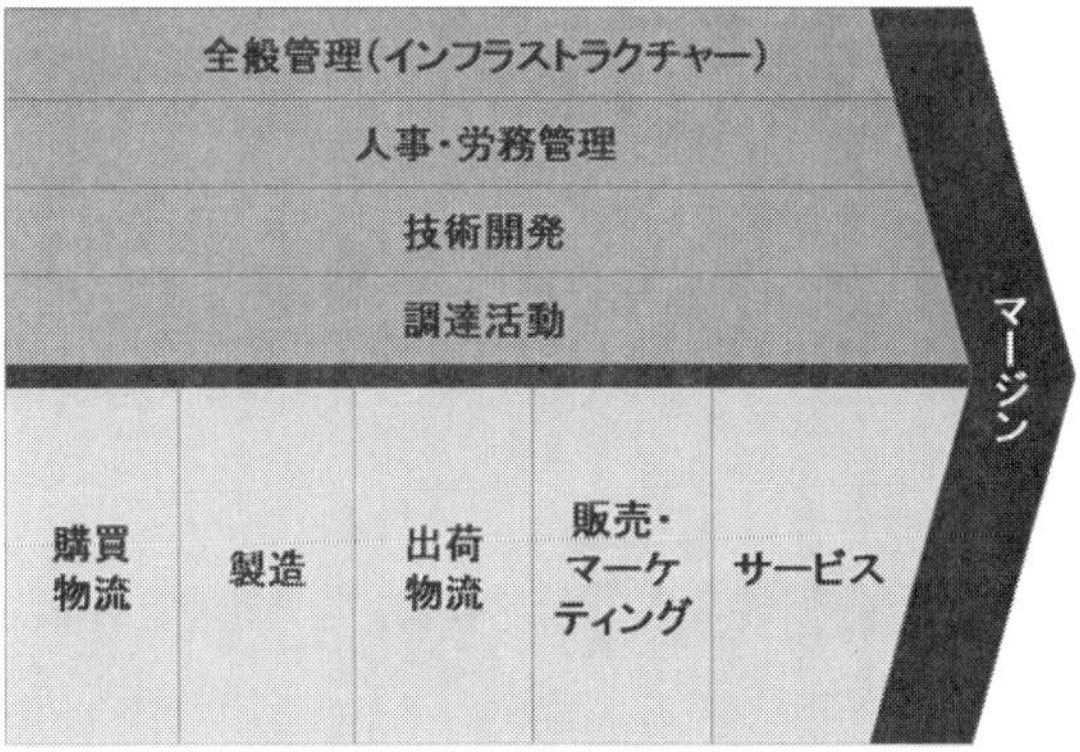

図30：バリューチェーンのイメージ

売、マーケティング営業活動を支える物流・ロジスティクスは購買、製造、販売、サービス物流などの多岐にわたり、その中で商品の品質を確保しながら次工程へ確実に送り届けなければならない。従来までの物流・ロジスティクスは在庫と輸送が主な活動であり、それはエネルギー消費でしか評価されないのが常であった。保管効率、消費燃料に対しての輸送効率など、大量生産時代のコスト評価視点から今でも抜け出せずにいる現実がある。しかも、保管や輸送における品質保全のための包装材や緩衝材も依頼主資産であることから、**「顧客の商品」**とみなされて、包装材の汚破損を極端に嫌うような、過剰な品質維持活動を続けてきたのはナンセンスといえるだろう。今後は製品保証のためにも緩衝材や包装資材の毀損は安全費用とみなすような取組み方が必要になるはずだ。

何れにせよ、原材料、半製品、完成品は原価と売価によって付加価値が獲得できるわけであり、価値創造工程においての物流・ロジスティクス活動は、従来のようなコスト指標ではなく、価値創造工程におけるパフォーマンス指標として捉え直す必要がある。すると、輸送と保管、そのための流通加工作業では、価値創造、価値保全などの経済活動が行われていることになり、物流・ロジスティクスそのものの評価視点も変わってくることになる。それを物流品質と呼ぶならば、事故率、エラー率、手戻り率、歩留まりなどの品質指標で物流・ロジスティクス活動を評価するきっかけになるだろう。

第2節　価値の定義

付加価値は価格で示されるが、品質は数値化が難しいが、価値と品質は対義で語られることが多い。品質とは何か、専門部署では品質基準値というものさしがあり、確率や歩留まりで基準値をクリアする活動が品質管理と呼ばれる業務になる。

物流・ロジスティクスも人手やシステムマシンを介したプロセスなので、どうしてもチェックを漏れ落ちる業務工程が散見される。例えば、ピッキング、配送伝票仕分け、送り先ミス、日付指定漏れなどの指示データと結果実績のエラーである。品質の保証は定められた基準値にしたがって、発生頻度をＰＰＭ（百万分比）で示されることで、改善の度合いを計測することができる。

では、対義として語られる価値の方はどうか。２章で前述した定義では、従来の概念では機能と価格、性能と価格で示されてきたが、実際にはこのようなスペック（仕様）だけでは説明できない価値の選択が観察されている。

商品ブランドや企業ロイヤルティも価値の範疇に含まれる。比較も測定も難しいものになっている。価値の絶対定義は実のところ未だに決していない現実がありながら、あちこちで価値の操作が行われているように思える。消費財や生産財（生産工程を経て消費財になる）では視点や尺度が全く異なるが、身近な消費財であっても次のような視点があるだろう。

価値の生まれる視点はこのように多様化しているが、価格と機能だけではないところにモノの扱い方が変わってくる。身近な例では醸造酒の保存による熟成や青果物の冷蔵保存による促進や貯蔵など、必ずしも保管だけではないがモノの特性を活かす工程が物流・ロジスティクスに内在されている。さらに、商品包装や保管輸送ケースなどの外装を変えることで、付加価値を上げて価格を高めることができるし、納期を早めたり、数量の精度の歩留まりを高めることでも価値の増強を図ることができる。物流・ロジスティクスが製造と流通を担うようになり、価値創造や付加価値の維持強化などにも役割を果たせるようになってきている。この点を見逃すと激しい差別化競争の中で格好の機会を失うことになるので、製造から消費完結までの全行程における価値の変異や醸成についての研究を怠らないようにしたい。

長期保管や保存による劣化防止や品質維持性能なども、価値保全や増強活動となりうるが、これらも商品開発や仕様設計の段階でどれだけ物流・ロジスティクス活動を理解できているかによることだろう。

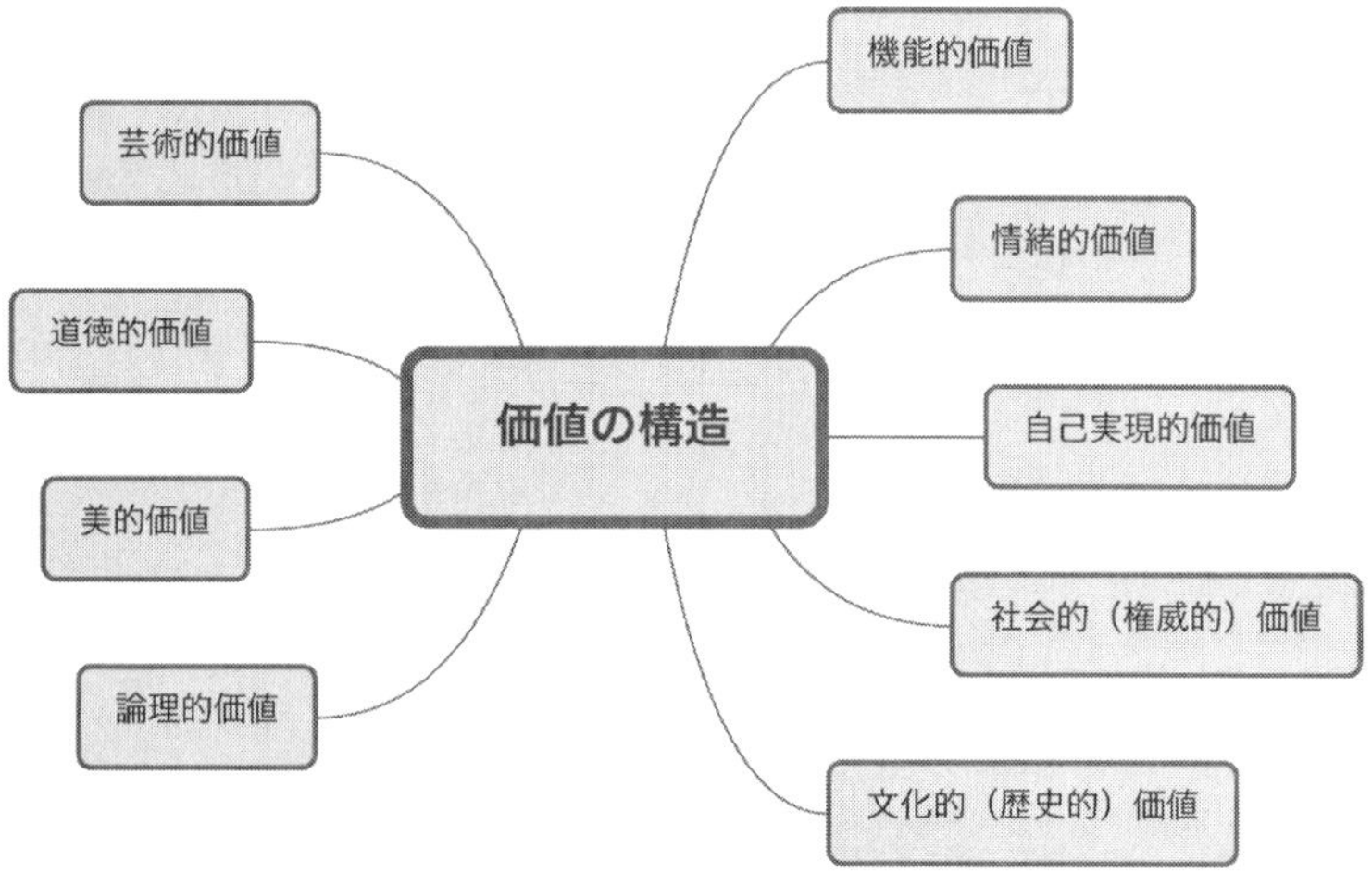

図31：価値の構造

第3節　企業同盟

バリューチェーンという価値創造の連鎖、付加価値の発生が企業内部と企業グループで構成されるとき、原材料製品の保管と移動、債権の移転にともなう物流・ロジスティクス活動は、部門間契約や企業内部取引の対象になる。

物流・ロジスティクス活動は、モノの扱い方に関わる活動ではあるが、すべての活動には指示書・伝票という情報をともなうことになっており、その決め事が契約条件や作業仕様書で明示されなければならない。自家商品としての自社倉庫、自家用車での輸配送なら影響はないが、物流事業者に業務委託される保管、輸送は許認可事業であるから、法定仕様が整備されなければならない。グループ内外に関わらず、物流・ロジスティクス事業者が介在する場合には、企業間バリューチェーンにはサプライチェーン活動が同時に行われることになる。

企業グループでの同盟とは、情報共有や費用負担などの互助制度に関わることが多い。特に情報共有では発信情報をどこまでも利活用することで、通信ロスやデータエラーの防止を図ることが目的になる。

なぜサプライチェーンで企業同盟が同列に扱われるかに言及すれば、製品サプライチェーンには様々なプレイヤーが協調していることに理由がある。店頭での一時的な品切れ状態を回復させるには、上位の問屋やメーカーに発注が行われることになる。そこでの在庫切れはさらに上位のメーカー問屋に及ぶことになるが、肝心の生産現場に原材料不足が生じているならば、素材メーカー、原料商社までも取り込んだ情報の同期が必要になる。

もし、情報同期を行なわずに商習慣だけに頼るならば、ブルウィップ症状(牛のムチ)と呼ぶ過剰な情報判断が行われてますます欠品状況が悪化することになる。小売店舗で品切れが発生すると問屋への注文はケース単位で行われる。問屋からメーカーへはダース単位となり、注文量は倍増する。原材料メーカーへの発注もさらにそれを上回り、ロット単位では小売店舗の販売量をはるかに超える原材料発注となってしまうだろう。

このような一つの発注単位が極度に拡大解釈され、波及する様は経験的に観察されており、コンビニなどでは各店舗の発注が重なることで過剰発注にならぬように、本部で制限を掛けたり分析を行うようになっている。

本部発注制度がない場合には、小売、問屋、メーカーが連携して過剰発注の結果の在庫過剰、安売り促進とならぬように情報の共有化が必要になる。小売の実売情報を共有するしくみは、POSレジデータの提供やスーパーバイザーなどの巡回指導員の持つ情報判断を共有化する必要がある。

コンビニチェーン店以外にPOSレジ情報を問屋やメーカーに共有している事例は、靴下屋をフランチャイズ展開しているタビオ以外にはあまり見当たらない。各社が競争している中での協調活動は、実際には営業部門の業績評価や生産部門のコストダウン指標変化に直結しており、過剰発注や在庫確保は総論反対であってもやむなく見逃している実態がある。企業同盟を非公開で認定したとしても、各社のホンネと建前は異論があり、ブルウィップ現象を抑制するような仕掛けが足りていない。

今後、5G仕様によるリアルタイム情報発信や状況分析の高速化が進むようになれば、POS情報が仕入れや生産指図に直接連動するようになり、人の業績判断の歪みや補正が働かない世界が登場することが期待される。売れた瞬間に製造現場にその情報が伝わるという、リアルタイム連動の時代がまもなく訪れるだろう。

企業間同盟の究極の姿はグループ経営統合化であり、営業活動の蒸発につながるともいえる。過剰な販促活動は売上以外に不要なコスト活動を招くことが明らかになっており、かつての花王が経験したような製販物協調活動が売上の増減にも関わらず、利益捻出の協調体制を作り上げてきた事例を真剣に学ぶ時代といえる。企業同盟は競争を排除した寡占状態やグループ独占を目指すような活動ともいえるだろう。

第4節　コアカンパニー

どの業界、産業でもナンバーワン企業が存在する。どこよりも老舗であり、品質でブランドを獲得してシェアも1位となる企業を業界のコアカンパニーと呼ぶことにする。どこが優れており、なぜ勝ち抜けていて、常にナンバーワンでいられるのか。獲得した価値、バリューを企業内部から湧出し続けられるには、どんな理由があるのかを考察してみよう。

成功の話は貨物列車に載せきれないほど、後付で生まれてくるというが、コアカンパニーとなるには、圧倒的市場・顧客の支持が必要である。よく売れる商品には理由があり、業界にあって基準や標準モデルを構成することになっている。よく知られ、支持され、売れ続け、品質評判も高い商品には安定した露出と供給が欠かせず、品切れや店頭欠品は許されない。かと言って安売りやバーゲンの対象になってしまっては、格付けやブランドが毀損することになり、評価は一気に下がることになる。つまりは優れた商品やコアカンパニーは、企業内バリューチェーンを飛び出した途端に物流・ロジスティクスの問題解決を継続していることが重要になってくるのだ。

安定した商品供給、タイミングを外さない店頭補充、消費財であれば販促品とのバランス、万が一のクレームや事故発生では迅速な回収とリプレースなど、消費者や店頭というマーケットでの表現にムダやモレがないことが絶対条件になる。

市場における商品の「見え方、感じ方、露出や展示方法」について、手を抜いてしまえば一切の努力は報われない。企業イメージが陥落してしまうことになる。コアカンパニー自体は物流・ロジスティクスが市場マーケットとの接点を担うことを理解していないといけないことに気づくだろうか。

物流・ロジスティクスは市場と企業をつなぐ接点であり、モニターやセンサーである働きをもたせることで、企業のバリューチェーンを保証することになることを改めて理解したい。

優れた結果は漏れやムダのない活動プロセスによって、支えられていることをどれほど重視するかによって、一流と二流の差が生まれる。ビジネスにとって売上や利益は目的の一部ではあるものの、それを獲得するためのプロセスにはあまり注目してこなかった。優れた企業は、すべての領域で優れている。それは古いだけでなく、巨大であるというわけではない、結果として事業継続が長く続き、資本の蓄積が進んだに過ぎない。すべてが結果であり、プロセスは瞬間の積み上げであることを再確認したい。コアカンパニーの活動プロセスを分解することは、ビジネスモデルを学習することになるのだ。コアカンパニーの規模や歴史、取り扱う商材やマーケットの違いを知るのではなく、活動プロセスの共通要素を見出すことが重要と言えよう。

第5節　優れたビジネス活動とは

企業診断を行う上で、私が発明したと自信をもてる唯一の簡単なチェックシートがある。「良い会社、良い現場」に共通の要素を12まで集約して20のチェック項目に変換したものである。いい仕事をしていれば、良い結果をもたらすはずであり、それらのプロセスをどのように整理したら良いのか、という視点で作ったものである。

一つ一つのチェックは極めて直感的で簡単であり、難しい判断や点検することは一切ない。普段の活動や意識の向け方、計数管理や時間マネジメントの基本をどれほど重視しているかに掛かっている。その会社や現場が何を作っているか、どんな価値を生み出しているかは全く関係がない。いわんや企業の業種や歴史、企業規模なども一切関係がない。すべての現場には経営思想が反映されており、理念や文化が落とし込まれている、という経験則から経営者の思想や留意点を知ることができるのだ。

ベンチマーキング表と名付けたのは、原点を知ることと改善には特別な仕掛けや投資活動を不要としている点にある。すぐさま気づき、実行することで結果は出てくる。すでにコストや品質問題を抱えている現場であれば、原因を抑え込むことができるし、逆に原因を特定することすらできるのだ。

古来より優れた企業は原則を徹底していた。整理整頓や時間厳守、決められたルールを守り、改訂の必要があれば直ちに改める習慣は、特別なことではなかった。ある時期から現場や企業内部の文化に放置やマンネリ、疲弊やルーズさが生まれ、その結果が悪い症状となって現れてくる。

コアカンパニーは決して優秀な人材の集団でもなければ、天才経営者が率いる特別な集団でもない。そのことを証明することができるのが、このベンチマーキング表であると自負してきた。ぜひ活用して欲しい。

優れた職場や事業現場には多くの人が働き、モノと道具が介在している。モノや道具は整理・整頓が大原則であり、ヒトの仕事は予定と実績で記録されなければならない。同じ仕事を行うパートナーや支援者にはどんな気配りができているだろうか、チームワークは充実していただろうか、今日の振り返りをどのように内省しているだろうか。近い未来や明日の予定はどうなっているか、どんな準備が始まろうとしているのか。このような12の要素をカテゴリーとして整理を行い、それぞれから派生するチェックリストを20の設問にまとめたものである。

物流改善ベンチマーキング表　＜＜抜群に優れた物流評価＞＞　　各5点　100点満点

項目	設問	YES	ランク	カテゴリー
1	見学者を歓迎しているか（表示、挨拶、安全、特徴の説明）			1.2.4.8.11
2	場内のレイアウト、従業員、顧客および取扱商品の情報を分かりやすく掲示しているか			1.2.4.8.10.11.12
3	社内外顧客への満足思想（ＣＳ）と安全に関する評価や目標が分かりやすく掲示されているか			1.2.3.4.8.12
4	すべての施設は安全で、清掃かつ整理整頓されており、照明は十分か			1.3.4.7.8.9.12
5	場内は見て分かる管理や表示で、工程や作業の内容が分かるようにしているか			1.3.4.5.6.7.8.9.10.11.
6	あらゆるモノに専用の場所があり、その場所に置かれているか			1.3.4.5.6.7.8.12
7	最新の作業目標と実績評価が目立つところに掲示されているか			4.5.6.8.10.11
8	生産性、品質、安全および問題解決状況について、実績データ、グラフが掲示されているか			1.3.4.5.7.8.9.10.11.12
9	現在の稼動や勤務、運行状況が、事務所にある掲示板ボードあるいは情報システムで確認できるようになっているか			1.4.5.6.7.8.9.11
10	作業や人員、工程のスケジュール、タイムチャート管理が見て分かるようになっているか			1.4.5.6.7.8.9.10.11.12
11	モノを運ぶのに最短の距離を１回動かすだけですんでいるか。適切な器具、マテハン、器で効率よく運ぶことができるようになっているか			1.4.5.6.7.8.9.11.12
12	場所や方向を示すロケーション表示が目に付きやすいところに掲示されているか			1.2.3.5.6.11
13	作業チームがそれぞれによく訓練されており、問題解決と継続的な改善に関わっているか			1.5.6.8.10.12
14	管理者は継続的な改善を進めているように感じられるか			1.8.10.11.12
15	保守整備が必要な機材、マテハン、ツールに点検予定表が付属し、処理日付は妥当か			1.3.7.8.9.12
16	新しい取扱商品や新しい業務を開始するのに目標や生産性、期限を定めた効果的なプロジェクトマネジメントが行われているか			1.4.5.6.8.10.11
17	納品業者、協力会社に対して、品質と基準を定める評価項目があるか			1.2.7.8.9.11
18	事故やミスの代表的な原因が示されており、欠陥や再発を防止するために機能しているか			1.4.5.8.11.12
19	運営の業績を記録報告管理するレポートは定期的に発行されているか			1.5.8.11
20	前回視察のこの現場から、進化して学ぶべきことを見つけられたか			1.2.3.4.11.12
	ＹＥＳの数			

	説明	カテゴリー
1	物流部門独自の自律性があるか	自律性
2	他部門や顧客を基準とした、満足志向の取り組みがあるか	顧客満足志向
3	安全を最優先し、整理整頓清掃清潔しつけの5Sへの徹底があるか	安全と5S
4	目で見てわかる管理をあらゆる場面で採用しようとしているか	見る管理
5	スケジュール、優先順位など時間を意識した計画と実績を捉えようとしているか	時間軸
6	適切な空間、時間の区切り、束ね方などの、間、止め、まとめが意識して採用されているか	ま・とめ
7	あらゆる在庫を適切に管理して、いっそうの削減施策を実行しているか	在庫
8	職場の意欲を高める工夫と実際の作業者に意欲が感じられるか	働く意欲
9	利用する施設、設備、道具に保守計画と点検記録が実物に貼付されているか	ツールのメンテナンス
10	新しい取り組みや季節変動、緊急対応の準備や訓練、取り組みが感じられるか	変化対応力
11	職場で把握できる情報を追究し、活用や転用、情報の発信に意欲的か	情報の活用
12	すべての活動によりよい品質と目標や実績の記録が取られているか	品質へのこだわり

図32：ベンチマーキング採点表

第9章

サプライチェーン

物流・ロジスティクスと殆ど同義的な意味で使われるようになったのがサプライチェーンであろう。本来の意味ではモノに関わる各プレイヤーが受発注在庫を繰り返しながら、モノが生産〜流通〜販売〜消費されるまでの全工程を表した用語である。ロジスティクスを実行するインフラと定義してきた。

一般的な意味のモノの流通状態を表しているが、この用語を使うときには物流・ロジスティクスの効率化と有効性の見直し、在庫削減、コストダウン、社会貢献などによるサスティナブルの実行などを狙っているといえる。そこで、物流・ロジスティクス部門ではサプライチェーンと呼ぶときには、従来の物流改善やシステム導入、在庫削減やコストダウンを一括して総合的に企画することを求められている。類似の用語としては過去にも、QR:クイック・レスポンス(主にアパレル業界)、ECR(エフェシエント・コンシューマー・レスポンス:日雑・生鮮食品などで使われた)があり、決して新しい概念ではない。

日本では2011年春に発生した東日本大震災発生時に全国の製造業、流通業に事業停止のショックが襲った。その原因は、あとになって判明したのだが中小零細の原材料サプライヤーが被災したために、中間部品や原材料供給が止まり、主力工場の生産が停止したのだった。その状況を新聞各紙が**「サプライチェーンの断絶」**と報じたことが記憶に新しい。

工業製品だけでなく、農林水産の一次産品であっても収穫から消費までの工程には様々な事業者や物流施設が関わっており、多くの関係各社が関わる状態でサプライチェーンが構成されていることに注目し、この構造と課題を整理する。

第1節　商品供給の構造

市場に出回るあらゆる商品、消費財や生産財は、多くの事業者・企業の手を経て市場に流通している。農水産品ですら収穫後には洗浄され、ビニル袋やダンボールケースなどに包装されてから出荷・流通している。このようなモノの流れはプレイヤーの組織内部で外部からの受注を受け、次のプレイヤーに送られてゆく。このようなサイクルのつながりが、鎖のように見えるのでサプライチェーンと呼ばれるようになった。

原材料素材から半製品、完成品が流通、小売販売のプレイヤーに渡る時には、商取引にともなう伝票発行や受け渡しの記録を残すためのデータ整備が必要になる。それがあってこそ、モノの流れの記録が行われ、ビジネスの決済（債権の移動と代金授受）が行われることになる。サプライチェーンには、モノの流れと同時に伝票や情報の流れを伴い、それがカネの流れとつながっている。

モノが工程間を流通していたことを証明するのが伝票記録であり、この記録こそがサプライチェーンの証明になる。つまり、モノの移動には伝票の連絡が必要であり、それは手書きであったりシステムデータであったり

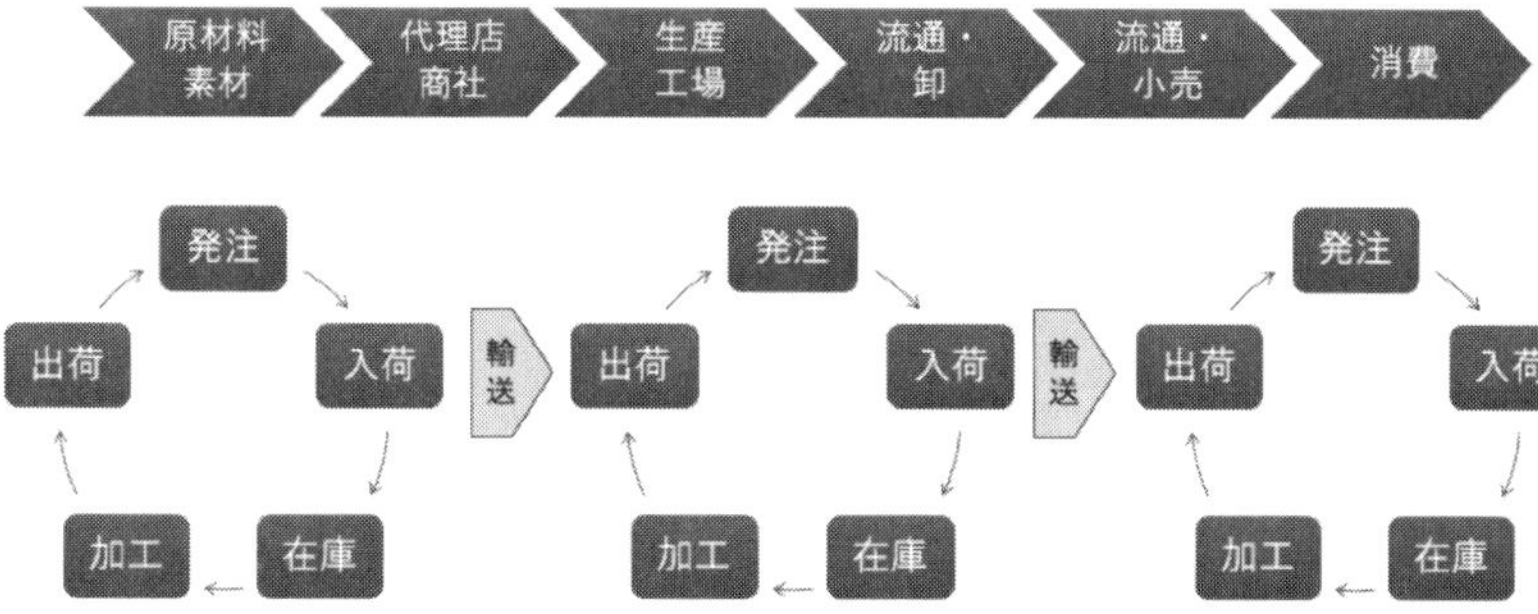

図33：サプライチェーンのイメージ

するわけだが、モノと伝票データの両方がサプライチェーンには欠かせない。伝票は商取引の記録であり、債権の移動や証明になるわけだが、大きな区分があることに留意したい。それは、移動にともなう商権の変化である。原材料から見ると商社に買い上げられ、工場に販売される。この際の伝票には商取引の記録として、売買が証明されていることになるが、商習慣では受領拒否や受領後の返品（仕入れ返品、売上返品）という取引もある。完成品が消費者によって使用され、完全に消滅される場合と区別するために、消滅する取引をセルスルー、債権の移動をセルインと呼称することにする。セルインは厳密に言えば債権の移動にすぎず、売上の確定ではない。セルスルー消費されてこそ、初めて債権が完全に移行して消滅することになる。この違いは物流・ロジスティクスでは大きな意味の違いがあり、在庫や返品取引をもたらすセルイン、セルスルーは明らかに区別されなければならない。

第2節　サプライチェーンを支える組織

商品移動と同時に伝票発行記録と債権の移動、確定が行われるために、サプライチェーンに関わる組織や部門も多岐に渡る。物流・ロジスティクスの

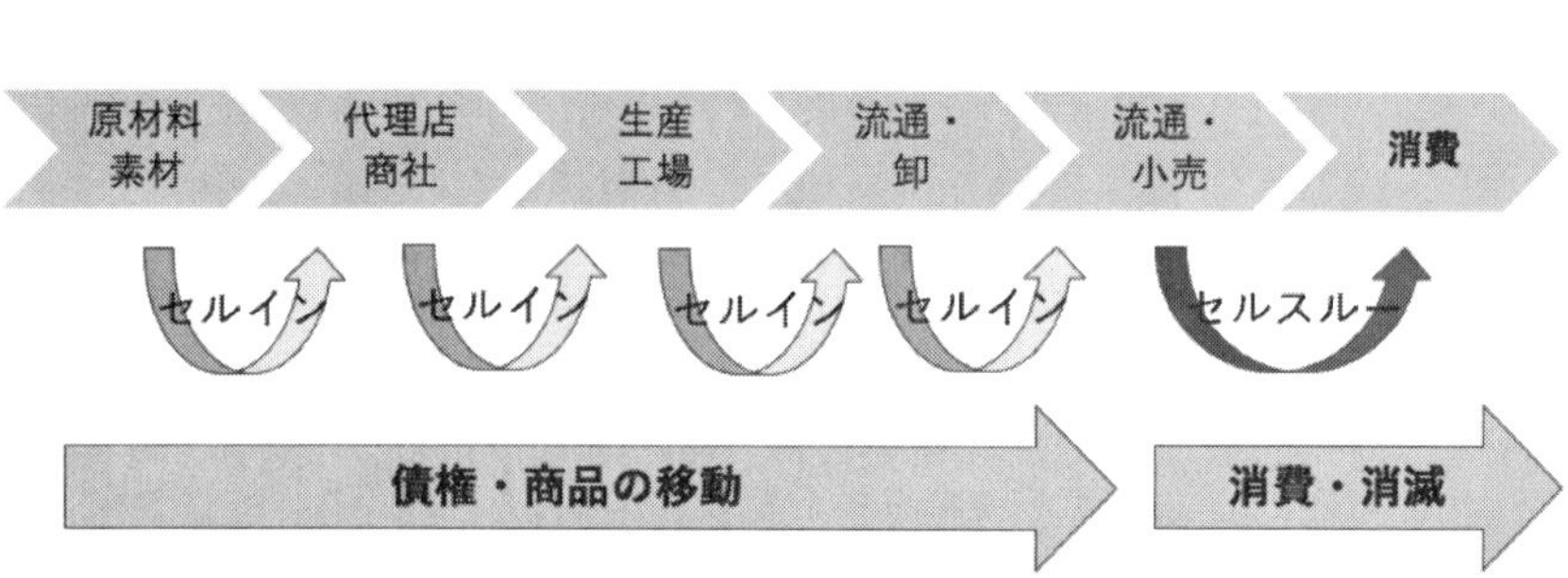

図34：セルイン、セルスルーのイメージ

現業部門以外にも指示命令を発出する営業部、商品購買調達部、生産部門、情報システム、財務経理、経営企画など企業体のほぼ全域に渡るが、その実感は少ないだろう。サプライチェーンの活動成果は月次経営会議において、モノとカネの結果は業績報告がなされるが、実際のところでは物流・ロジスティクス部門に放任されることが多かった。

そのため、サプライチェーン効率化への障害は、誰もが気づかぬところで生じていたのである。例えば、経営会議で必ず話題にあがる、物流・ロジスティクスのコストアップ要因は、決して物流アウトソーサーへの契約料金の単価が高かったわけではないが、総額では突出傾向にあり、その原因を探ることになった。調査の結果では通常販売活動とは別次元での輸配送・保管の活動が行われた結果、いわばムダな物流活動が頻繁に発生していたことが判明したことがある。個別営業活動における緊急性の低い場面でのイレギュラー出荷や販売めどの不明確な新商品の在庫積み上げなど、各部門の意向をそれぞれに捉えてしまうと、在庫は過剰となり輸配送サービスも得意先の当社への貢献度とは別に提供してしまう傾向にあった。コントロールする者が不在であり、営業や生産部門から物流部門への一方的な通知、指示命令の結果が招いたコスト増加は日常茶飯事に観察される状況である。

特にデフレ環境下での物流コスト抑制課題は、全社一丸となって取り組まねばならないものであるが、営業部門としては、個別顧客対応の結果がどのようなコストアップに繋がるかの速報や指標がないために、対応が遅れる傾向が見られる。

また、生産部門においても製造コストダウン、原価低減活動のためには営業部門の要請する販売計画とは連動しない、異なる生産計画が並走することとなり、受注欠品が生じたり、新商品投入日程が遅れる傾向などが見られるものである。

いずれも内部コストと顧客満足に関わる二律背反のジレンマを解消するしくみやジャッジを行う部門がなかったために生じた問題である。そのためサプライチェーンを再構築する計画では、組織の業務分掌や役割分担、組織の行動力学、在庫責任の所在など、意思決定プロセス全体を見直す必要がある。サプライチェーン改革には、組織や部門を超越した大きな視点の確保が重要なのである。

はじめに取り組まねばならないのは、営業部門における顧客サービスの見直しである。デフレ下で一気に広がった顧客口座の見直しをしなければならない。顧客の格付けとは、当社への貢献度を分析して、顧客ランキングを定めるものである。八方美人であろうとすれば、自らが苦しくなるだけであり、特にこれからは赤字受注を予防するためにも、顧客分析は絶対に欠かせない。具体的には受注単位や納品サイクルなど、直接物流コストに影響するサービスと顧客評価のバランスが取られなければ、全社の取組みにも大きな成果は期待できない。

少なくとも顧客分析により、当社への貢献度評価や将来に渡っての顧客の重要度格付けなど、手広く膨張してきた顧客層の選択と集中がこれからの競争戦略には欠かせない。全方位外交では顧客からの評価も下がるだけであり、先に扱った顧客層における**非満足客**が膨らむだけである。

サプライチェーンを支える組織の見直しでは、次のようなチェックポイントと優先順位決めが必要になるだろう。

売上の拡大か？

製品原価の低減か？

利益の獲得か？
在庫の圧縮か？
物流コスト削減か？
その他経費削減か？

このような目的命題を定義して、実施にあたっての課題を明らかにして解決策を進めるには、組織各部門が冷静な分析データをもとにして、シミュレーションを行わなければならない。売上を拡大するために、極端な販売促進経費を掛けたり、主要な得意先に極端な値引きを行えば、一時的に売上を確保したとしても結果的には利益を減らすことになりかねない。また、コストダウンに専念しすぎれば、品質や顧客サービスを満たせなくなり、長期的に顧客の支持を失うことになるだろう。

このようなバランスを維持させるためには、各部門に妥当な責任分担をもたせるべきであり、協議共同作業によって、最大売上の最大利益獲得に向かう使命を共有する必要がある。経営上特に重視されるのは、売上や利益、資産の保全や在庫の削減というものであるが、サプライチェーン改善活動では、このような責任論が部門の業

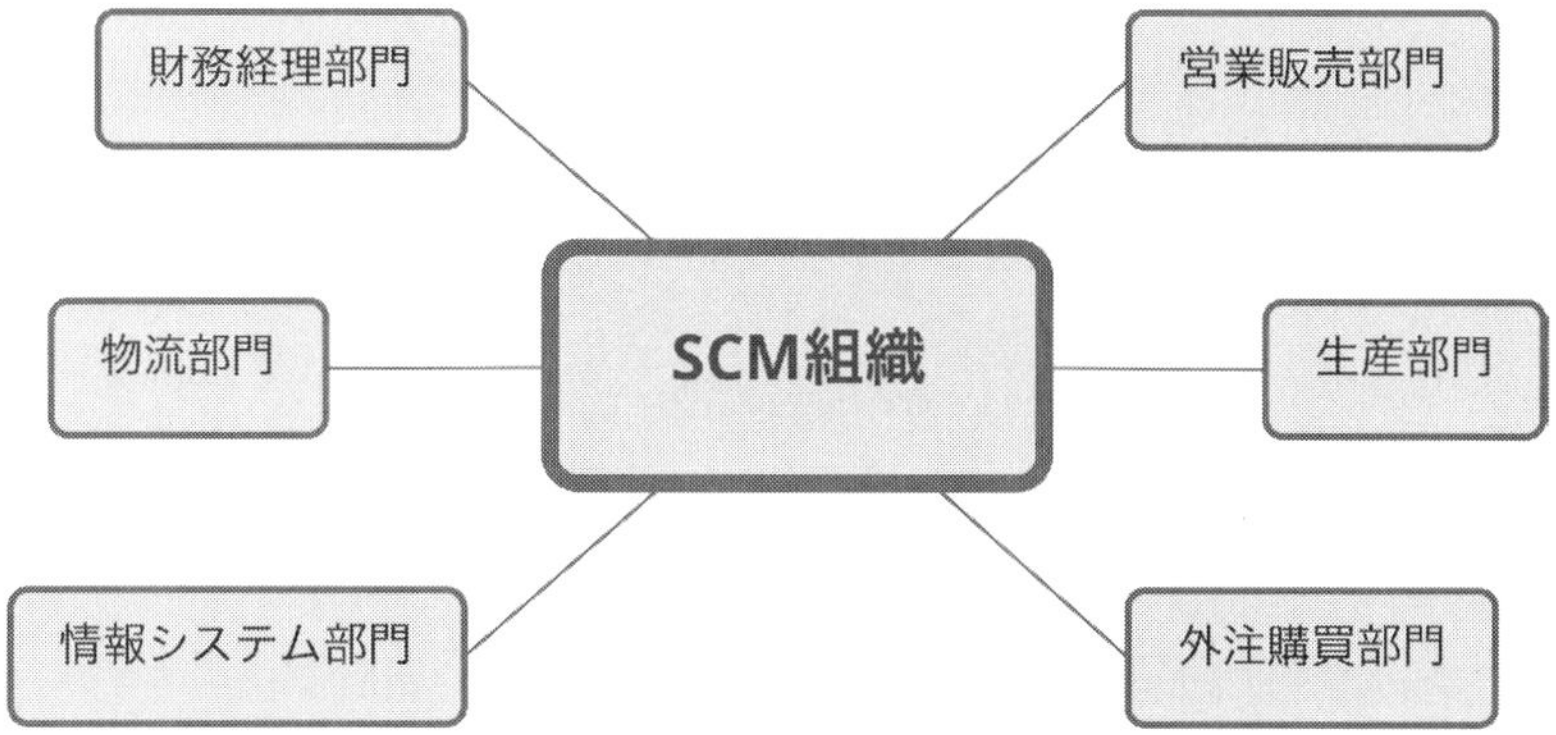

図35：SCM組織機能図

務規程や分掌に明らかにされているかというところに問題点があるように感じてきた。

最も重要なそれは、販売部門と生産部門の対立に見られる責任論であり、在庫問題である。

第3節 在庫と欠品

営業販売部門にとっては、より多くの品揃えほど販売活動には欠かせず、そのためにも在庫量は常に豊富であることが望ましい。売れ行きに合わせた在庫計画では、突然の受注による欠品が起きるリスクもあり、販売機会喪失という売上阻害要因となりかねない。そこで、販売計画以上に欠品そのものを極端に避けるのは、営業販売部門に見せかけの売上至上主義があるからだ。売上を上げるためならば、何事も避けるべきではないし、売上を獲得できるのは自らの責任にあるという過剰自信が原因にある。

ビジネスモデルには売上と利益の追求が欠かせないが、単に売上を求めるならば、ひたすらコストを投入することにつながってしまうものだ。販売における値引き、販促活動、定期的な新商品開発と導入、得意先へのリベート提供など、競合も手掛けているから仕方がないという言いわけは、売上を上げるにはコストをかければ容易に達成できるという裏道があることになるのだ。

その様な経験則があるからこそ、販売部門にとっては在庫や品揃えの充実は大歓迎であるはずだ。いかに資金が眠り、商品の陳腐化リスクがあろうとも在庫を積み上げることは販売機会の獲得には欠かせないと常に主張するだろう。しかし、振り返れば販売部門のミッションは顧客注文を待つだけではないはずだ。いつ誰がどこから注文を寄越すのかが想像できなければ、営業部門は不要といえる。物流の在庫管理者が受注を取りまとめて、受注の順番に出荷すれば良いことになるからだ。

いつ売れるかわからない、誰が買うかもわからない、しかし欠品だけは避けなければならないという主張を繰り返すなら、自らの無能さを宣言することと同義語である。分からない尽くしで務まるならば、営業部門は不要だからだ。顧客管理や受注処理を別部門に移管しなければならなくなるだろう。営業部門不要論はあながち採用されるのではないだろうか。

調達・生産部門ではどの様な見解を持つだろうか。購買や生産活動では品質とコスト削減が何より優先されている。すると大量購入や大量生産こそがコストダウンの最初の手段として取り上げられる。より多く買付け、より多くを作ろうとするバイアスは自然に湧いてくるが、抑制するためのしくみや動機がなければならない。安く買う、作るために大量購買・大量生産を抑制する動機とは何か。それは、上位の機関からの指示命令でなければ、自発性は期待できないであろう。購買・生産に制約条件を与えなければ、1個よりダースで、1枚よりまとめたロットで作ろうとするだろうし、その動機に不自然さはない。「**より良いものをより安く**」には異論の余地はないからだ。

すると結果的には在庫が積みあがることになり、その問題が発見されたときだけが問題とされ、日常では潜在化していて全く気づかれずに進行していることになる。在庫を積み上げることは販売部門にも購買・生産部門にとっても、良い評価の対象になること自体が問題なのだ。組織の活動目的に合わせた制約条件に在庫問題を含めないから、このような事態が起きているわけである。

ではどうすれば在庫を部門活動の数値目標に定められるだろうか、という疑問も湧くだろう。総論から言えば在庫総額を制限することはナンセンスに違いない。つまり、およそ2～3割の不活動在庫品目を抱えながら、総額でコントロールしようとすると大きな障害が待ち受けることになる。

それは、在庫金額を日々監視することはできず、月末在庫で制限をかけようとするだろう。すると、月末に残っている在庫は明らかに売上不振のBCランク商材になるのが明らかだからだ。そこに制限を掛けたとしても、購買も生産もほとんど影響を受けていないことになる。

事業の主力製品は、ABCマネジメント分析で言うAランク商材、つまりは売上の80％相当を占める経験的に明らかな総品目の20％相当のアイテムになっているに違いない。こちらは売れ行き好調であるから、月末在庫はほとんど存在していないだろう。予約品、入荷待ち待機状態であることがほとんどだからだ。

では在庫金額を総額ではコントロールできないのか、となるがコントロールではなく、総責任を負うべき部署機関を持つべきだというところに帰着する。在庫は販売の原資であり、製造の成果でもある。しかし、運転資金を眠らせ続ける存在でもあるから、在庫責任の最大効果は財務経理部門が負うべきものになるだろう。1億円の投資余力を持つか、1億円の商品在庫を持つかは経営トップの判断になる。キャッシュは流動性があるけれども、商品在庫は資金が固定化され、陳腐化リスクもあり、在庫保管コストを負担して置きながら、最終最後に除却処分を覚悟すれば、さらに資金金利と合わせて処分費用までが掛かるようになる。

このように比べれば資本は有利で在庫は極力最少に向かわなければならないが、この総論に異論を持つ者は一切なく、しかし各論として販売部門や製造部門に持ち帰れば、在庫許容論が始まるものなのである。

最終的には在庫総額の制約を設けるほかなく、四半期ごと、月次ごとに売上に対する在庫金額の比率を決めるべきであろう。総金額でも構わないが、いずれにせよ在庫抑制＝運転資金や投資の確保、と同義語になることを理解しておきたい。

在庫問題と対比されるものが、欠品への対応である。欠品とは受注があった際に手持ち在庫がない状態をいい、その際には注文の保留（入荷待ち）、代用品の手当、注文取り消しが行われる。在庫抑制はすなわち欠品を容認することとなって、再び売上機会損失という問題が湧きあがることになるのだ。

そもそも欠品が生じるのは、販売計画が実際の需要と合わない結果であり、また生産や仕入れの遅れが原因となる。だから瞬間的な数日間の欠品は製造や調達の問題とされる。したがって欠品防止のためには、需要予測の情報システムが必要だというのは短絡的すぎており、その前に点検すべきことは多くある。

商品には固有のライフサイクルがあり、それは時代と市場の要請により描かれている。新商品も経過時間とともに人気は陳腐化してゆき、意図的な新商品の投入によって主役が交代するのは人生と同じだ。そこで新商品を投入する際には、前もってライフサイクルを想定しているはずである。仮にそれが点線のラインで描いていたとすると、欠品は想定を超える需要が生じた結果であり、ライフサイクルの読みが甘かったといえる。では欠品対策には、予測が課題かというとそうではなく、ライフサイクルカーブの動向を分析していなかった結果と見なくてはならない。想定したライフサイクルカーブ、すなわち売れ行き状況を丁寧にトレースしておけば、需要の変化に気づくはずである。

ライフサイクルカーブは曲線で描かれるから、その形は接点を連続計測することで規定できる。カーブの傾向を常に観察していれば、事前に欠品予測が立てられるだろうし、逆説的には過剰在庫となるタイミングも予測できるようになる。欠品防止は市場の観察、実需動向の把握が課題であって、需要予測というシステムの問題ではないのだ。常に日々の需要の動向を観察する体制が作れれば、欠品も過剰在庫も予防できるだろう。

流通現場での品揃え欠品を考えてみると、在庫が豊富なほど品揃えが多くなり、欠品を回避できる。しかし、在庫資金が必要となり結果として事業利益率が低下することが推定できるだろう。欠品と利益率の相関性を研究したレポートでは次の図ような関係が導き出されている。日米双方でのスーパーマーケットの許容欠品率と利益率の関係である。

完全に欠品を許容できない設定であれば、豊富な在庫と品揃え投資が必要であり、そのために売上利益率は下がる。左図では欠品率ゼロの場合の利益率が９％だと、欠品率５％の場合には11％近くまで利益拡大が図れることになる。

その理由は在庫確保、補充発注の計算式での**安全係数の捉え方**によるわけで、日本では欠品を嫌いわずか１％程度しか許容しないために安全係数は2.3となるが、欧米では欠品率８％相当を許容するので、安全係数は1.4という研究結果がある。（海洋大学　黒川研究室資料より）

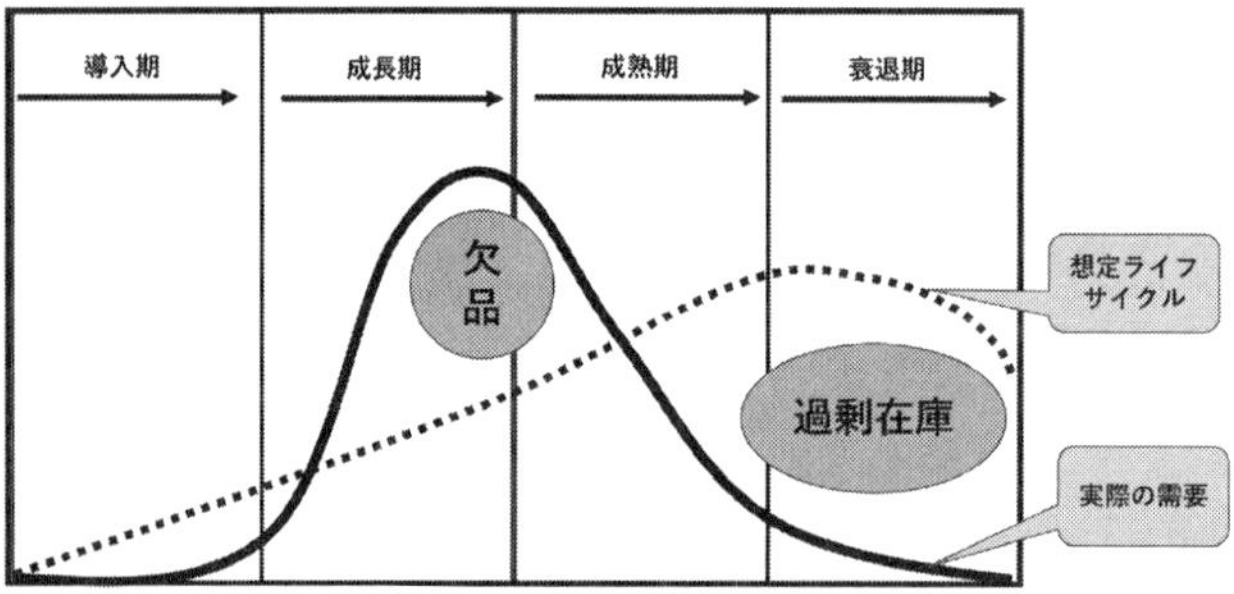

図36：商品ライフサイクル

欠品許容が販売機会損失となるという営業部門の主張と在庫抑制のために製造原価低減の足かせになるという製造部門の主張を合わせると、結果的に利益率への影響があることを考慮すれば、在庫責任は経営問題、財務経理主管がふさわしいという結論になるのではないだろうか。在庫問題は投資資金の経営意思決定問題であることを再認識しておきたい。

第4節　情報伝達

サプライチェーンを維持するためには、関連する社内組織だけでなく、同盟各社の内外組織との情報共有が重要である。消費財であればライフサイクルカーブの動向をすべてのプレイヤーが熟知して、そのために必要な行動を起こせば各社は情報に振り回されることなく、必要な生産と販売を実需のセルスルーに合わせて良いのである。各プレイヤーの行動原理は、究極的には在庫最少を図りながら、実需に対応するための生産までを同期化することが目的になるからだ。

つまり、生産と販売の同期化とは、すべてのプレイヤーの在庫が最少となり、キャッシュフローの最大化が実現することになる。そのための

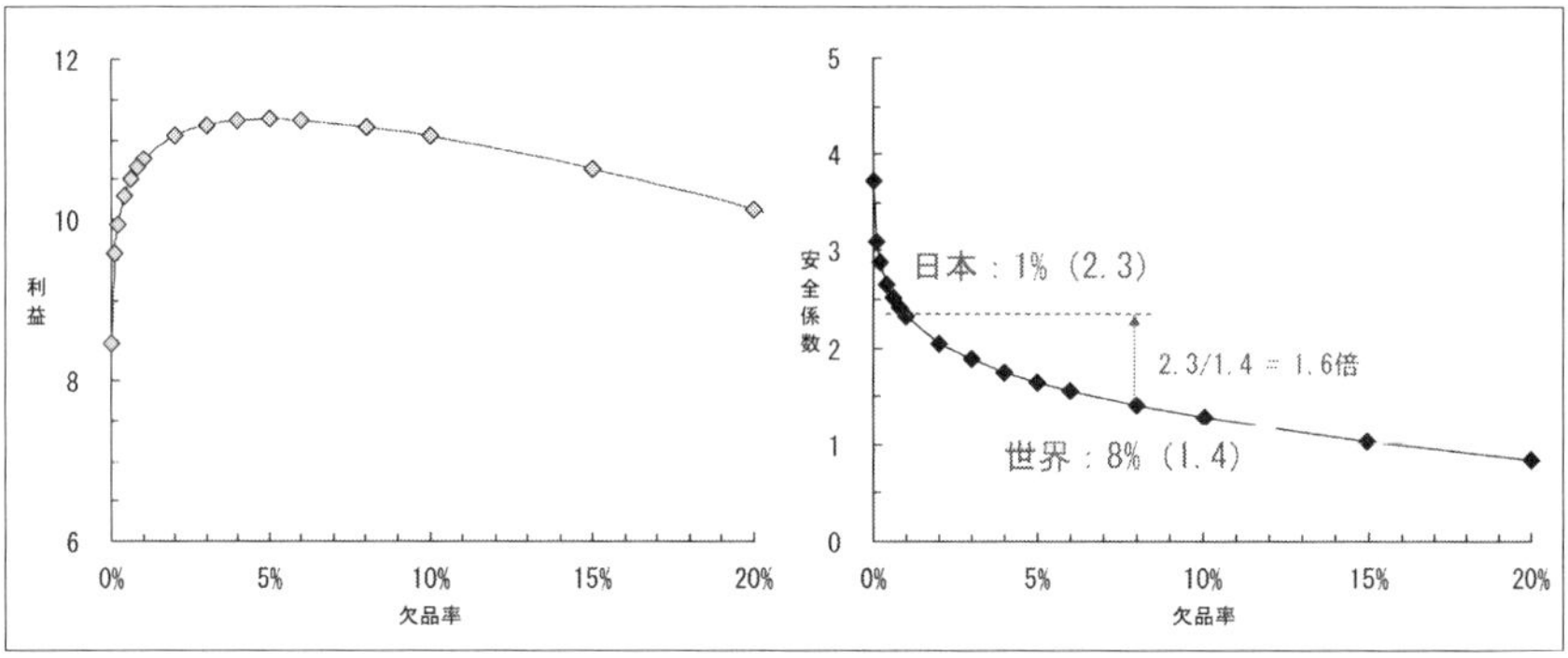

図37：欠品率と利益構造、安全係数

情報連携や伝達の方法としては、通信手段があっても同期化するための動機づけが必要になる。

前に示したように各プレイヤーの営業担当は、次のプレイヤーに販売活動を行うが、実際には債権の移動であって、取り消しや返品値引きなどが起こりうるから、販売概念ではセルイン状態である。モノは移動するものの、在庫になって保管状況にあるわけで、完全に消費されているわけではない。最終製品になって店頭や消費の現場で消費されてこそ、初めてセルスルーという状態になるわけである。そうすると、完全に消費されているわけであり、決済の確定が発生することになる。

このようなモノの消費と連携するような情報伝達には、まだまだ課題が残っているといえる。それは前に紹介したような**ブルウィップ症状**という情報の拡散であり、潜在的な不確定リスクの発生である。実際には消費されていなくても、過剰な発注が連鎖してしまい、最終的には過剰在庫が各プレイヤーに生じることになる。

究極的にはサプライチェーンを構成する各プレイヤーに次のような情報管理システムが必要になるだろう。

●製造系では、原材料の所要量計算システムと在庫管理、購買発注システム、生産計画システム

●流通系では、顧客とのＥＤＩなどの受発注システム、在庫管理、顧客管理システム

これらのシステム間での情報連携がなされることで、売上の最大化、在庫の最少化が実現できることになるだろう。

世の中に多く存在するＳＣＭソフトウェアの原理は、営業部門の販売計画が金額ベースで示されるが、生産計画では明細アイテムが必要であり、何がいくつ売れるのか、という金額と明細情報の一致が重要になる。何をいくつ、いつまでに生産・調達すればよいのかが重要なわけであり、通常の販売計画ではこの段階では

商品明細が含まれていない。

そこで、販売部門は昨年度の販売実績明細（アイテム別販売数量と金額）を照会、抽出して、昨年度実績明細を作成する。

本年度の販売計画を昨年度の明細から操作してゆくわけだが、一般的には大変に詳細な作業となるのでやらない。すると生産部門側が同じ作業を行うことになる。すなわち**販売計画＜＞生産計画**（全く別物）という構造になるわけだが、これを回避するのがＳＣＭソフトウェアの狙いである。常に金額と明細を一致させるための工夫は想像を遥かに超える作業であり、ノウハウともいえるだろう。

第5節　ＳＣＭ阻害要因

自社の物流・ロジスティクス活動や物流事業者にとっての活動は、経営目的でもあり経営手段でもある。それは物流をなりわいとする者と物流を利用する者との違いである。物流を事業とする者であっても、物流活動が荷主顧客の事業目的のための手段であることを十分に理解している。そのため、物流活動の停滞や停止、品質の維持や向上が重要であることを理解しながら、様々なリスクを排除して日々の運用に努めている。現在の物流活動は、産業構造の急激な転換と労働力人口の減少が始まったために、物流現場における人手不足による物流停止危機という大問題を抱えるようになった。

大量生産、大量販売が終焉し、すべての産業にとって最も重要な経営資源は、現場労働力の人手や創造性のある人材となった。このような要請が生まれてきた背景には、経営活動の効率化と経営そのものへの有効性が離れ離れになってしまい、人材資源への対応策が出遅れてしまったという反省がある。つまり希少で重要な経営資源である人材の獲得と維持、教育と研修による長期雇用の定着化という人材投資を避けてきた結果なのだ。

製造コスト、物流コストの最小化を志向した部分最適運営の結果、最大経費である人件費にも異常な抑制が働き、優れた人材を確保したり、若い人材への投資余裕がなくなってしまっている。

同時に行きすぎた物流コストダウンの弊害が物流事業者の安定確保と維持すら困難な状況に追い込まれているともいえる。

サプライチェーンを構成する多くの物流現場でも同様な症状が現れるようになり、生産物流、販売物流共に共通の経営課題を抱えるようになった。その影響はともすればＳＣＭを阻害する原因を生み出し、物流の停止や停滞を招くようになってしまった。

次の図はＳＣＭ阻害要因の要素を整理したものである。

まず部門や組織を接続する情報断絶が挙げられるだろう。次に想定していない状況の中でも、頻繁に起きがちなのがキャパシティ問題である。物流・ロジスティクスの業務委託契約条件に、処理能力の上限・下限を定めていることが少なく、突然にキャパシティ問題による緊急停止となることが多いのだ。

また様々な背景事情からの物流遅延はよくある事例である。一つ一つの工程が遅れることによって、遅延の連鎖が生じることもあり、交通事情などでよく見られる事件でもある。

ＳＣＭ阻害要因はすべてがコスト原因とは言えないが、状況を正しく正確にトレースする余裕と体制を失い、適切なマネジメントというより、指示命令だけの一方通行的な管理が横行しており、結果を保証できない現場が増えてきているといえる。

本来であれば任された現場ごとにマネジメントが機能することで、最終成果を保証するような情報分析、状況監視、負荷のコントロールなどが適切に行われなければならない。

物流が止まる原因は、過去の経験則から事前に想定できるわけで、予測、監視、状況把握が適切なタイミングで行われていれば物流の緊急停止を逃れることができる。安定した商品供給連鎖が機能しているかどうかを把握するのは、現場からの情報収集であり、状況監視と適切なタイミングでのサポート支援が必要なのである。

しかし、実態として様々なトラブルと事故が多発するのは、マネジメントが十分に機能しておらず、全体最適ではない部分最適な行動にとらわれているのではないかと疑わざるを得ない。実際に多くの現場を見学すると、マネジメントが十分に機能していることを体感することが少ないからである。必要なマネジメントが機能しているかどうかは、前述したベンチマーキング表によるチェックでも多くの要素を点検できるので、再度確認してほしい。ＰＤＣＡサイクルが機能すれば、ＳＣＭの緊急停止を避けることができるのである。

図38：SCM阻害要因体系

第10章

IEと効率化の意味

ＩＥとはindustry engineeringの意味であり、製造業を起点とした産業工学を指している。実はとても古い概念であり、１８００年代のフレデリック・テイラーが主張した作業研究や測定という技法のテイラーイズムとして後世まで広まったものだ。生産現場では管理者と労働者の働き方には、必ず唯一最高の方法があるはずで、それを追究することが重要だという主張であり、当時のフォード自動車工場で採用され広まってきた。

製造現場での唯一最高の最終手段の発見に向けて、様々な取組をすべきであり、必ず到達できるとしたのが彼の見解であった。もし唯一最高のやり方や方法があるとするなら、それを目指して改善を積み重ねる事の重要性に疑いを持つ者はいない。その挑戦の歴史と成果が分業設計や自動ライン工程への発展となり、労働者の業務負荷を下げてアウトプットを極大化する事に成功できたからだ。テイラーイズムは多くの製造業に影響をもたらし、有名な事例ではフォード生産方式らの改革を通じて、自動車工業会に巨大な富をもたらせたといわれてきた。同時に工場労働者の賃金も向上し、自らが自動車のオーナーになれるまで所得が成長したという。

ＩＥはそれだけで独自の進化を遂げ、業務分析やタクトタイム（単位作業時間）短縮、原価把握の手法まで応用が進むようになった。製造業の活動資源は、ヒトの労働力と設備機械という2つの要素が中心にあったからだ。機械を止めることなく、作業者も能力を揃えた標準工程で作業を実現できれば、アウトプットの極大化が図れることに疑問の余地はほとんどない。

しかしほとんど同じ時代に、労働者の生産性向上には作業手順教育や監督管理より、労働者集団の人間関係や労働環境に対する感情が最も大きな影響因子である事を実験によって証明したメイヨー博士もいた。

メイヨー博士のホーソン工場での実験は、後にＨＲＭ（human resource management）学問領域を発生させてテイラーイズムと強烈な対立をする事になったのだ。

第1節　IEは何から構成されるのか

唯一最高の生産手段の追求も作業者集団の人間関係によっては、成果も効果も疑問詞がつくようになっていたのは象徴的である。200年も前から、人は手や足ではなく、心や頭で労働していたという証拠なのだ。経営学の新領域を示したドラッガーもマネジメント技術と企業組織論の中で、作業や行動の動機と意欲を個人からチームに転換し、人間関係の成果との関係性を説いているのが現代の通説となった。最新の経営理論では、SENSE MAKE：センスメイクという、日本風にいえば腹落ちさせる理論というのが経営学の領域に登場しているのだ。

多くの作業者が働く製造や物流の現場において、工場と倉庫の区別がほとんどなくなる消費財産業進化の工程では、多くの作業者にとっては機械やシステムよりも労働の動機づけやチームワークが重要な要素になる。それは生産性や品質、業務意欲や労働へのモチベーションに限らず、現場の雰囲気や企業文化や個性表現にもつながっている。

今後の業界で物流工程に多くのロボティクスが導入されれば、その作業効率と生産性はロボティクス設置の段階で定まってしまう。機械化やロボティクスのインプットは電力であり、エネルギー量で支配され、アウトプットはプログラム次第で太宗が決まってしまうだろう。もはやそこには改良や能力向上の余地は殆どないはずである。いわば生産性の概念は設計段階で定まるということになり、ＩＥの余地は限定的か、もしくはいずれは無用の長物となる。逆に研究すべきテーマは、労働者の人間関係論や心理学領域の産業への影響となるはずだ。すでに経済学領域でも合理的判断と行動をするという意味でのホモ・エコノミクスの存在が危うくなって、行動経済学という新分野が研究されているからだ。

人は機械やロボットではなく、指図や命令だけでは行動に意欲がわかない。また、自己鍛錬と自身の工夫の余地や熟練と成長の実感がなければ、労働への動機づけは下がるばかりだろう。作業ぶりと意欲の関係性は、個人とチームでは異なるから、スポーツのようにメンバーの得意領域の組み合わせのほうが、誰もが同じレベルの標準化を目指すよりも効果的になるに違いない。ここにも個性発揮よりも標準化という画一性の問題が含まれていた。

業務や仕事の結果としての産出量Ｙは、資本と労働の２つの要素と全要素生産性という科学技術進歩や特許技術でカバーされてきた。

Ｙ＝Ｋ+Ｌ+αという公式がすべてを司っているわけであり、Ｌの要素にはチームワークと心理学領域が関わる様になればＩＥの出番がいずれなくなるのは当然だろう。

旧海軍の訓練基地であった、広島海軍江田島記念館でよく売れているファイルホルダーには、山本五十六海軍大将の言葉が印刷されている。

「やってみせ　言って聞かせて　させてみて　ほめてやらねば人は動かじ」

その後に続くのは……

～話し合い、耳を傾け、承認し、任せてやらねば、人は育たず。

～やっている姿を感謝で見守って、信頼せねば、人は実らず

つまりは人の行動を大きく左右させるのは、やはり人への信頼や感情であったと80年前から体得していたリーダーがいたのである。

特にモチベーション向上のための教育や研修であれば、従来型からの脱却が必要だ。価値観としても欠点補強ではなく長所の増強であり、「できるものがリードして、犠牲を厭わない勤労態度」というものを引き出さねばならない。

そして明らかになったインセンティブの効果減少も改めて再確認しなくてはならない。僅かな金額報奨程度では、労働強化や意欲を強く引き出すことはできないのだ。

インセンティブが有効な業務や仕事は非常に限られており、単純労働や短時間集中業務など、現代に求められる創造性や改善意欲とは別次元であることも再確認する必要があるだろう。

人は命令だけでは動かない。従来の組織論や統制方法論は、1966年D・マクレガー「企業の人間的側面」で紹介された**X理論（人間性悪説）**、**Y理論（人間性善説）**と1891年オオウチによる「セオリー

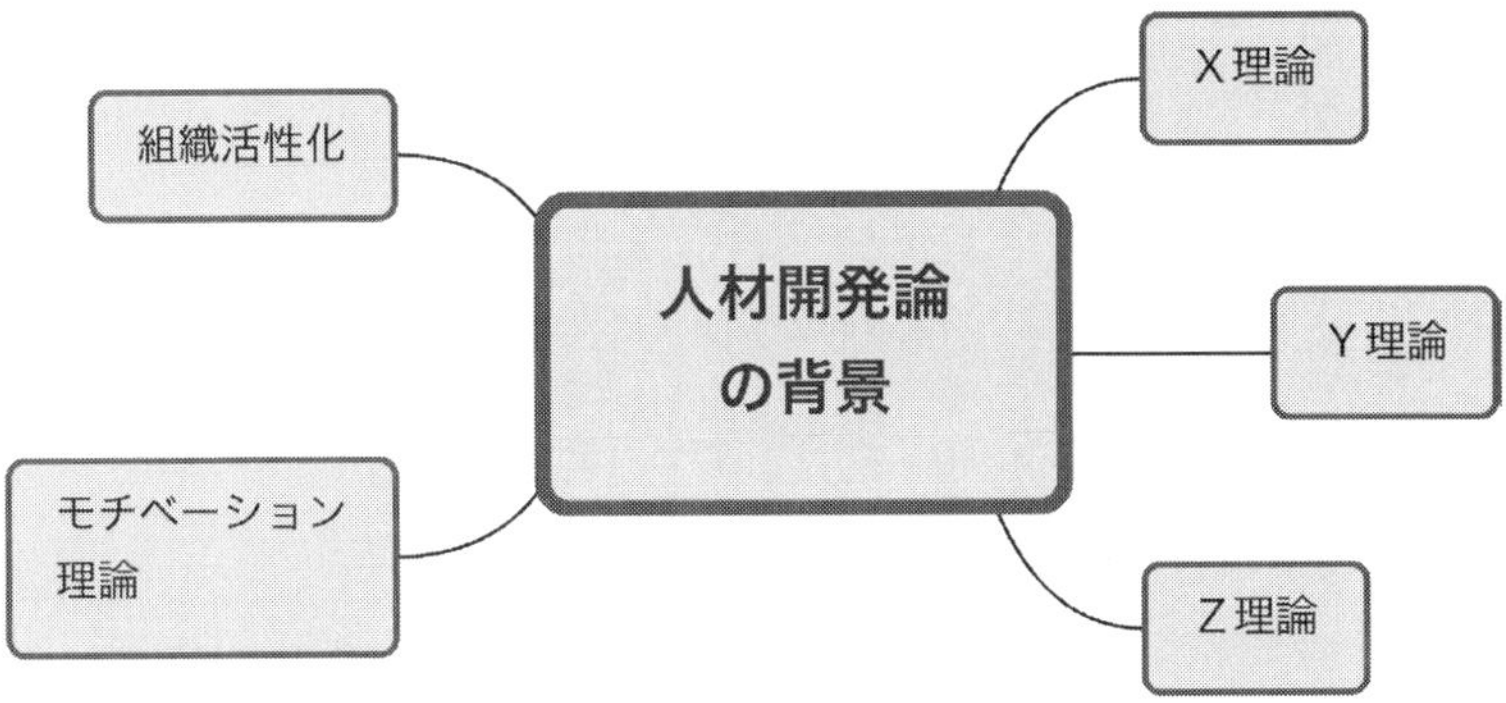

図39：人材開発論の背景

Z」：**Z理論**〈日本企業固有の理由による高いロイヤリティ〉という命令と管理というスタイルであった。

労働契約や雇用条件によって、指示命令を受諾して行動することを明記した職務分掌では命令が絶対であり、従うことが報酬の条件であったわけだ。しかしながら、言われたことだけ、指示されたことだけを作業するなら機械化やロボットにも劣ることとなる。

右から左への単純作業や繰り返し作業ならばそれでも良かった時代はすでに終わっている。人が人であるための判断、工夫、全体感の把握、先読み、業務改善などの改良を自然発生的に期待するなら、命令と管理という軍隊型運営では従業員のハートとマインドを維持することすら難しくなる。

職場に蔓延している従業員の「わかってはいるが、やりたくない。やりたいが、できない。」、つまり〈できない〉悩みを解決しながら、サポートして、さらに〈やりたい〉意欲を引き起こすには、単なる指示命令ではなく、自発的学習と意欲を高める環境づくり、管理者の率先的なリーダーシップが欠かせない。いわば人材マネジメントの要諦はここにあるといえる。〈できない人をやりたい人に変えるマネジメント極意〉こそが、物流作業の生産性を高め、現場の改善を促進し、安定した物流運営を可能とするものだ。

したがって従来型の教育研修やＯＪＴによる指導方法は、非常に限られた分野や領域にしか活用できないということになる。しかも、これからの教育研修は自らが自発的に学ぶ環境を作り出すことが必要であり、その意味では〈学ぶ環境を作り出すマネジメント〉が求められているということなのだ。

第2節
効率はどのように実現されるか

ＩＥの要素には資本と労働の二面性があることを理解すると、効率化の求める方向が見えてくるだろう。効率化とは、時間やコスト、労働力などのインプットに対して、より多くのアウトプットが生じる結果を言う。機械資本はインプットとアウトプットが設計により規定されており、どれだけの時間、稼働させるかによって生産性は確定する。時間当たりの処理量という指標を用いるなら、機械やロボティクスの稼働時間によって生産性は一次関数グラフの直線で描かれる。問題は実稼働率、事故による停止率しか残らない。

労働者の場合にはＩＥとは、作業標準であり、単純化や分業で実現されると考えられてきた。しかも長時間労働の連続は、全体の能率が下がり、生産性は低下することが経験則で明らかだった。

ＩＥ発明の同時期にはホーソン工場の実験から、チームワークや職場の雰囲気など、人的交流が生産性に影響すると証明されてきたから、作業設計での標準化や工程の単純化が生産性に直接的な効果を生むとは限らない。人は自らの動機によって働くものであり、時間に追われるのではなく、時間を把握しながら手を進めるものであるからだ。決められた時間内に、決められた仕事が終わるように働き、そして日々同じことの繰り返しに充実感を覚えるものである。どれほど肉体的に過激な労働や長時間の労働を強いられたとしても、昨日と同じことが今日行われ、明日もまた繰り返されることについては、安心と満足感があるものだ。

『モチベーション3.0』を提唱したダニエル・ピンクによると、労働者の動機づけは初めに生存理由、次にアメとムチによる外圧的動機、そして現代は自己欲求からの内発的動機が必要だという。

モチベーション1：人間が生きるための生理的な要因
モチベーション2：アメとムチによる外発的な動機
モチベーション3：ワクワクするような内発的な動機

X理論、Y理論は古典的な人材開発としての報償による動機付け理論であり、人間性悪説、性善説に基づく信賞必罰、人間関係を適用してきたものである。人材は単純作業者として頭と手を持つ道具や機械として扱われてきた名残である。

Z理論は1900年代の我が国の優れた労働者の働きぶり、企業への高いロイヤリティを解説するために生まれたものであり、社会制度や雇用環境、制度によって日本固有のものと言われている。しかし、現代では終身雇用もなくなり労働者の流動化が進み、さらには労働人口そのものの減少危機がある中では、新たなモチベーション開発を目指す必要がある。それがモチベーション新世紀と言われる現代の労務問題なのだ。

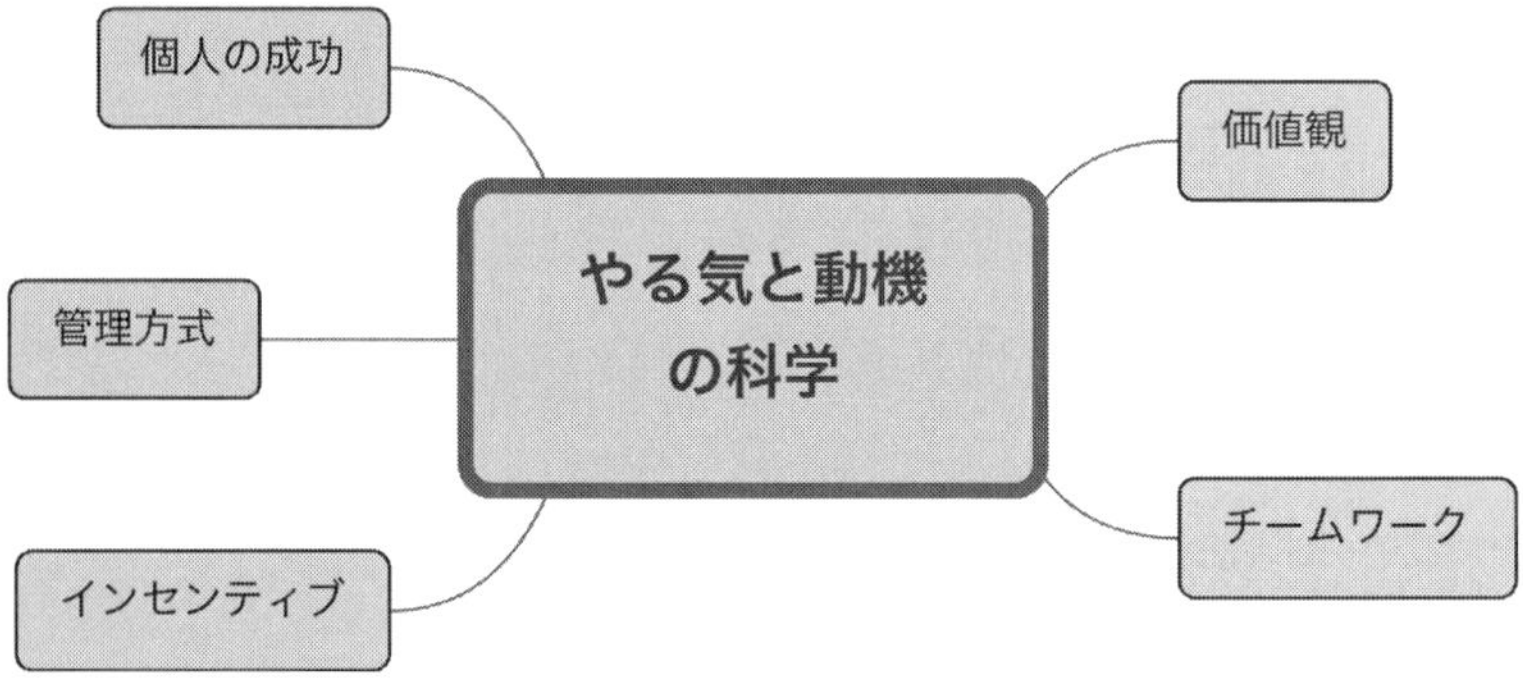

図40：やる気と動機の要素

優れた人材であっても、採用から研修定着まで数年間の労働教育が前提だった企業人材開発はすでになくなり、第2新卒即戦力化、中途採用、流動人材の活用が主流となりつつある。さらに現代病ともいえる心の問題を抱える労働者が増えてきており、潜在的なうつ予備軍は勤労者の3割を占めるようなったと言われる。さらに、核家族の影響もあり、高齢化した親の介護のために離職せざるを得ない者も同様に3割いるのではないかと言われている。

人材開発を行い、組織化が完成できたとしても、その長期的な維持には3割以上の脱落を予定せざるを得ないほどに組織維持にも大きな問題を抱えている。当然、少数精鋭、外部アウトソーシングによる定員確保、業務標準化による要員交代を前提とした組織運営が必要となってきている。すると、従来型では考えられなかった人材マネジメント、組織開発手法、新しい理論と原理でもって組織の再構築が必要となってきているのである。

代表的な手法を紹介しておこう。

生産性と類似の概念に創造性があるだろう。生産性はどちらかというと製造現場の工場から生まれた概念であるが、創造性はサービス産業やハードよりもソフトの分野で使われるようだ。いずれも付加価値に関連する概念だから、常に重要視されるべきものだ。生産性と創造性は対立要素でも代替関係にあるものでもない。しかし、創造性には画期的な破壊的イノベーションすら生み出すような潜在力がある。今こそ製造工場や物流現場にもこのような創造性が求められているはずであり、それが新たな巨大な付加価値を生む可能性を持っているだろう。そもそも企業の収益構造には、従業員の動機や創造性から連鎖するモデルが認められているのである。

人材マネジメントの重要性を改めて認識させた経営理論がバランス・スコア・カード（１９９２年キャプラン・ノートン発表論文以下ＢＳＣと記述する）といっても良いだろう。それまでは、人材開発は教育研修によるレベルアップと動機付け、モチベーションの向上を狙う労務管理の手法であったわけだが、実はこれらの人材管理が企業業績に直結していることを明らかにしたものがＢＳＣだった。

ＢＳＣの特徴は経営や活動を４つの視点に分解して、結果を保証するための先行指標管理という手段を提示している。それは、財務、顧客、（組織運営としての）業務プロセス、（従業員個人の）学習と成長という４視点である。

・財務の視点：企業業績として財務的な指標を設定する。
・顧客の視点：顧客に対してどのように行動すべきかの指標を設定する。
・業務プロセスの視点：優れた業務プロセスを構築するための指標を設定する。
・学習と成長の視点：組織や個人として、改善と能力向上を図る指標を設定する。

ロバートキャプランが提唱した、**ＢＳＣ：バランススコアカード**と呼ばれる経営理論は、企業収益は連鎖モデルで実現できるという。しかも、それは循環するものだというのだ。ＢＳＣは経営戦略の実現に向けた先行管理を表している。既存の商品やサービス展開で経営計画をクリアするには何が必要なのかを示している。売上や利益の達成には、充実した顧客層の維持と満足度の向上が欠かせない。マンネリや停滞は顧客の失望を招くからだ。

顧客満足はどこから生まれるかは明らかで、提供する商品やサービスにあるが、それすら進化や改善がなければ同じく失望につながる。いわば業務プロセスの改善が欠かせないが、それを支えて実現するには従業員の磨き上げが必要だ。キャプランは個人やチームの学習に源泉があると見出したのだ。多くのベンチマーク企業の実地調査により、企業の業績と従業員の行動様式に関係性を見出し、理論体系とした功績は大きい。

製造や物流の現場レベルでの従業員の学習や時間的成長、業務に対する正しい動機づけによって、業務プロセスが改善されると顧客満足に直結し、売上や利益などの財務指標の改善が図られる。しかもそのサイクルは循環連鎖するという理論である。

結局の所では現場レベルの生産性向上だけにとどまらず、従業員や労働者の創造性に起点をおいた業務改善が

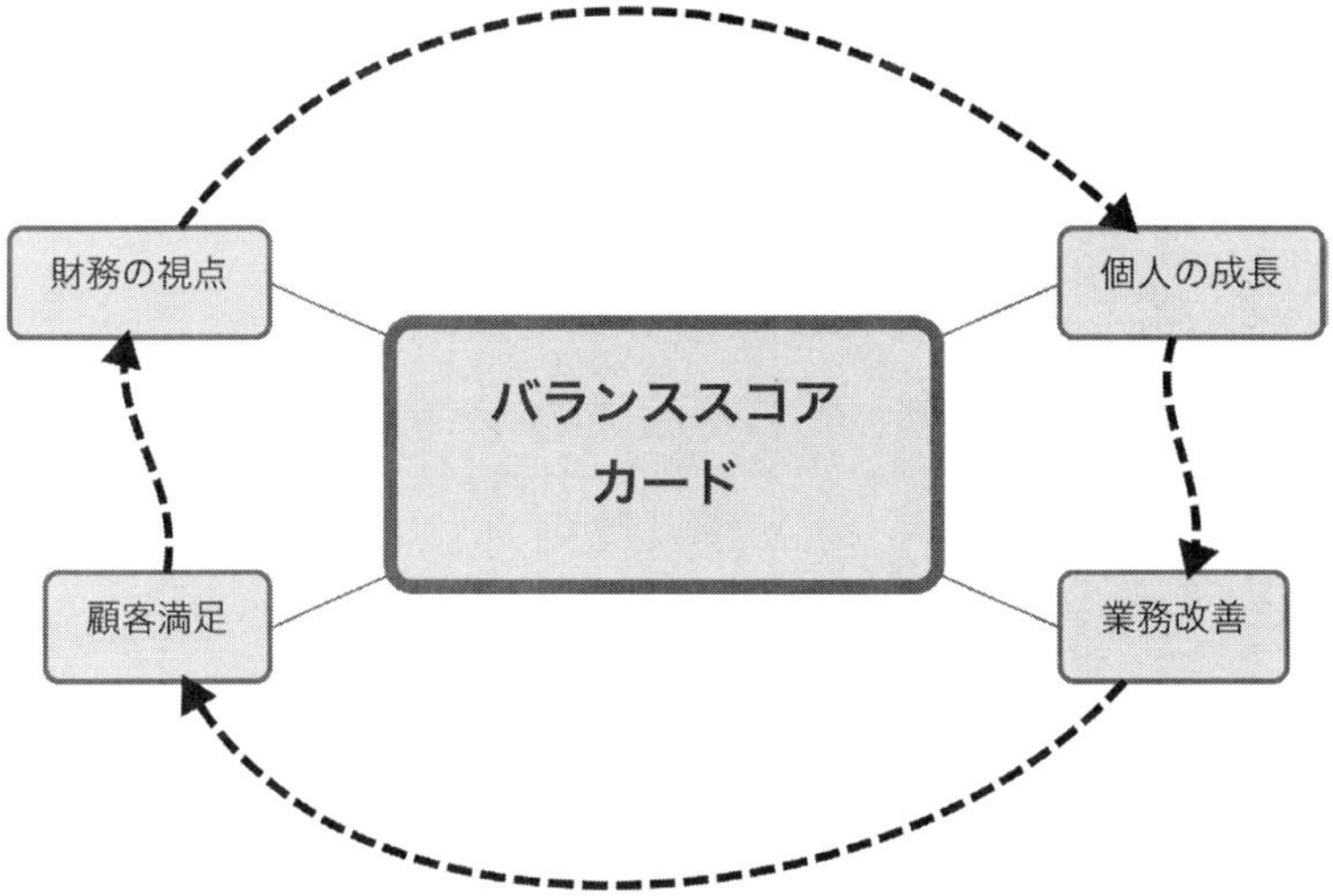

図41：バランスドスコアカードイメージ

顧客満足を生み出すことで、最終的な企業収益にまで直結していると鳥瞰できるマネジメントが重要と言えよう。この視点において、生産性と創造性の関係が明らかになったといえる。

ＢＳＣが示した人材の学習と成長というマネジメントが企業の業績や成果の最大化につながるのはなぜだろうか。それは、マネジメントが全体最適を目指す技法であることも当然ではあるが、マネジメントを行う管理職者や多くのマネージャーの一人ひとりが最適な活動を行えば、最終的に全体最適となるかどうかは保証されていない。それは部分の最適化と全体最適の保証ができないのと同じ理由である。

そこにはマネジメントの目標設定がシステムで組み立てられている必要がある。改めてシステムを定義すれば、必要な目的のために必要な手段が整然と連なり、順次に実行される必要がある。成功がシステムの目的であるならば、成功を分解した成果目標を整理する必要があるのだ。

経営戦略の実現や業績の成果・安定という〈結果〉を導くための〈先行指標〉の設定が必要になる。それを図解化したものが、ＢＳＣツールということになる。

業績の安定には、売上と利益の確保が必要であり、そのためには売上に直接寄与する顧客満足が向上しなくてはならない。

顧客はどのように満足し、どこに不満を持ち、何に無関心であろうか。それは商品提供やサービス提供を行う、業務や接点を持つ営業や顧客担当者とのコミュニケーションであろう。良いサービス、優れた商品には進化がなくてはならない。満足というものは感覚や感性の比較値であり、経験値であるからだ。常に安定した品質やサービスも顧客満足をもたらすが、そのために追加購入は起き得ないだろう。つまり、同じサービスならば売上は増えないことになる。であるなら、さらなる満足を獲得することによってしか売上を拡大させることはできず、売上が伸びるということは顧客満足を向上させたという因果関係は、業務改善が記録されている事になる。

去年と同じではなく、前回とは異なったより良い感触を与えることができて初めて、満足度が向上して売上があがる事になる。

しかもこのような業務改善成果はチームワークや担当個人の努力や学習、進化や変化によってもたらされることが構造的に整理できる。

これがＢＳＣの特徴である。個人、業務組織、顧客満足、業績の４つの関係性を説いたのがこの理論であり、優れた業績という結果を保証するための先行指標の構成を示唆したものなのだ。強力なマネジメントツールであり、そのためのメジャーメント（測定）可能な指標を整理してみよう。

個人の努力、学習を測る

現代の職業人は激しいストレスと潜在的にメンタルな問題を抱えているという。大切なことは優れた人材能力と彼のメンタル、ストレス問題は別物だということだ。心の問題は新人でもベテランでも抱えている。しかも、業務遂行上ではその傾向や兆候とサインを見逃しがちなのだ。物流業務では従事者のモチベーション維持も重要な課題となっている。優れた技能や能力があっても、休みなく続く業務遂行では交代勤務やストレス解放も必要であり、管理者としての労務環境の観察と計測が重要になる。

当然のように人は燃料やスイッチで動くものではなく、適切な動機と環境の影響を受けながら成果を発揮するものだ。命令と監視だけですべてが回るはずもなく、状況の把握は彼らの心理や意欲の程度まで及ばなければならない。

このような人の問題を抑制し、小さな問題点を早期に発見して補正、強化、支援できる体制を作り上げることが、物流現場にとってもビジネス構造にとっても重要であることは、最近の傾向として特記できるようになってきた。自主申告による学習時間や研修教材への取組み時間などは計測可能であろう。また、業務会議や現場ＱＣ活動への参加回数など、多くの計測可能なデータは散見されるはずだ。

各自との面談を通じて、学習と成長のための要素を協議して計測可能な指標を定め、月例ごとに計測を続けることが可能となる。

同様に業務プロセスの改善が進むためには、事故ミスなど不満要素の解消がなされなければならず、従来言われてきている物流管理指標が相当するだろう。作業の生産性、時間短縮、ロス排除、コストダウンなどの業務指標が改善されることにより、次の指標である顧客満足が向上することにつながる。

満足度指標はとらえどころのないものであり、アンケート評点やクレーム率などが代表的なものであった。本来の満足度はアンケートに現れる要素やクレームにつながる先行指標を発見して、そこに注目しなくてはならない。

例えば、満足度調査では大半の顧客が感じている「満足も不満も感じない」という中位顧客層の深耕開拓が重要であるはずだ。

上位顧客への表敬訪問やクレーム発生時での対処だけでなく、中間層に位置するいわば〈非満足層〉へのアプローチが有効であろう。

つまり、個別訪問などにより顧客の感触や意向、明確に示されていない要求レベルや期待値などを聞き出し、新たなサービスメニューの開発につなげることが効果的と思われる。

その意味では上位顧客、クレーム顧客へのアプローチと合わせて、定期的な顧客訪問や面談機会の設定が〈非満足〉顧客への対処となるはずである。

顧客満足度は接触頻度と回数時間の累積によって高まる事が経験的に明らかであり、そのための営業手法やセールスツールを準備することが重要であろう。

顧客満足の成果は確実に売上に繋がらなければならない。むしろ、売上を上げるために顧客接点を深めなければならない、という価値観を組織内に浸透させる必要がある。そして顧客接点は従業員一人ひとりの個人レベルで行われているわけであり、電話応対や挨拶、一言の説明や話題の持ち方が印象を大きく左右する。もっとも物流活動に限れば、一人ひとりの業務態度よりも成果としての物流サービス全体が重要であるから、点検要素を正しく設定する必要がある。

売上に直結する顧客単価、回数などの変化点に注力して、変異が起きる前に顧客接触と現場点検を行わねばならない。

第3節 人材開発の技法

人を育てる技法は先に述べた海軍山本大将の姿勢にあるように、見守ることが重要である。従来の企業教育研修という制度は、集合教育体制であっても、所詮は個人レベルの追究にあり、自覚啓蒙に終始していたようだ。しかも標準化や統一化という、学校教育の延長線上にあり、個性の育成とか多様化を認める事とは無縁の状況にある。過去の日本において画一性こそが成功体験であったが、現代では育てたはずの人材が現場から脱落する大きな原因として、個性を認めない画一性が槍玉にあがる。企業での定着率の低さや退職理由に挙げられるのは、**必要とされている実感がない**、という呟きだからだ。

筆者は多くの物流現場で労務管理や教育研修の一環として、退職者のインタビューを繰り返してきた。彼らのホンネを探ることで現場の環境改善をすすめるためだ。

『私の意見は聴いてもらえませんでした、居場所がないのです』

退職者の理由書には多くのタテマエが書かれているが、その裏側に潜んでいるホンネは自身の存在感の喪失であることが多い。チームの一員になれなかった悔やみと努力を認めてもらえなかった失望感、それ以上に自身の存在感のはかなさに働く動機を薄めていったのである。もちろん待遇面も表面上では大きな要因である事もあるが、その待遇不満の影響は比較的早く顕在化するものである。しかし、職場の喪失感は長年の堆積のように折り重なってゆくものだ。

人はどのような行動原理で働くのか、そして人を動かす動機にはどんな原則があるのか。聖書の次に売れ続けている書籍がデール・カーネギーの『**人を動かす**』というもので、今日現在もあらゆる書店にも必ず置かれている。しかも平積みで売れ続けているほどのベストセラーなのである。初版の発売は昭和23年である。それほど、原理原則は広く知れ渡っているのにも関わらず、守られていない原則とは図で示したように極めて単純なルールなのだ。

●人の話を誠意を持って聞く

●相手の名前を覚え、呼びかける

退職者の理由もほとんどがこの原則を守る事ができず、簡単なルールを破り、多くの従業員から失望を集めながら現場運営にあたっていた恵まれない上司のせいだといえる。

■私の意見を聞かない、聴いても無視する、反応や回答がない。

これらが続けば嫌気が差すのも無理はない。人が職場を離れるのは、この

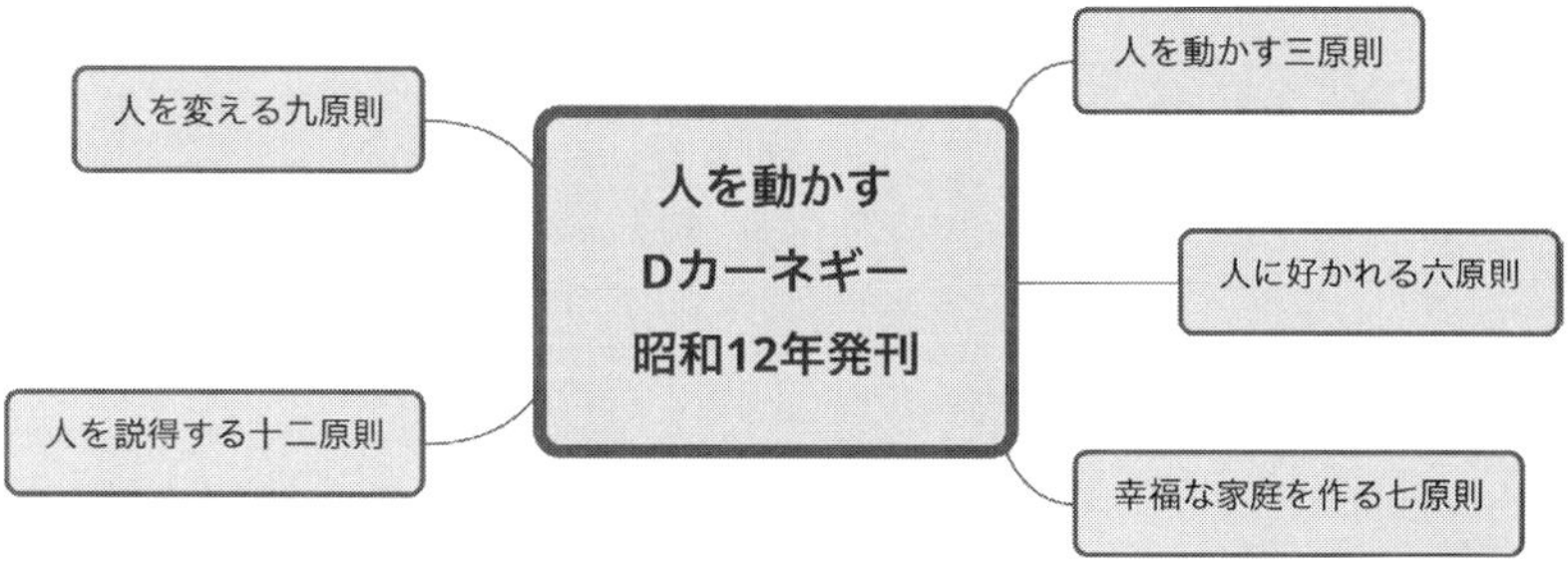

図42：人を動かす要素

ような原則が守られない組織や風土にあるのだ。これを改めずして、人材開発や教育制度などが成り立つわけはない。

そこで、人を動かす原則にしたがって、人材育成のプログラムを作り直す必要がある。初めには集合教育のあり方である。どの様なプログラムも「あるべき姿、習得すべき知識と技術」を一人ひとりに同じレベルで求めている点に疑問がある。確かに安全指導などの事故防止には、必要最低限の共通ルール徹底や安全知識の浸透が欠かせない。しかし、生産性向上や創造力発揮のための職場作りには、スポーツチーム同様のアサインメント、つまり割当や配置フォーメーションが重要ではないだろうか。得意な者には得意技を発揮してもらい、それをサポートする体制を職場に作り出す。苦手な者は得意領域を追求して発掘するか、フォローに回るなどの強弱をつけることが現実的ではないだろうか。野球でもサッカーでも、担当するポジションには技術巧拙があるではないか。職業分野でも当然あるはずで、多様化を認めるとはこのような強弱を見出すことではないだろうか。

ムダの排除について考えてみたい。誰もがムダは嫌いであり、ムダをしようとしてはいないはずである。しかし、自分のしていることがムダと気づかないとか、思っていない時があるのが問題なのだ。「そのやり方にはムダがある」と指摘されて驚くことが多いはずだ。もちろんゆっくり丁寧に説明をすればそれがムダと気づくこともあるだろう。今度の方法が良いと納得できれば、やり方を変える柔軟性と受容性は誰にでもあるだろう。しかし、命令だけで担当換えをされたり、叱責されたのでは腐る気持ちだけが芽生えてしまう。

多くの現場で改善のために設計変更、システム導入、役割分担の変更や体制の組み換えが行われても、なかなか成果が出せない問題の裏側には、こんな動機や心理に関わるものがあるのではないだろうか。多くの人は怠け心を持たない善良なる働き手ではあるが、その感情や心理をないがしろにするような事件が起きれば一気にモチベーションが低下となるものだ。

第4節 フェアプロセスマネジメント

モチベーションが高く、やる気が生まれる職場の共通点は、多くのヒトが働く職場で共通しているのはチームで働いているという実感である。自分の仕事を受け継ぐヒトがいて、受け取りもらう相手がいて、成果が見えるようになっていて、自分ががんばるとチームみんなが喜ぶようになっている仕事の回し方である。仕事を通じてヒトとヒトとの絆を感じ、分からない事、できないことがあったときにはすぐさま誰かが手助けしてくれる安心感がある職場には活気もあるだろう。疑問と不安があっても、いつでも誰かが様子を見てくれていたり、ていねいに説明してくれる先輩がいる現場。質問することは恥ずかしいことではなく、むしろ奨励されることであって、自分の質問がほかのヒトにも価値ある情報として歓迎されるような雰囲気があれば、ヒトは安心して自分の善良なる努力を惜しまない。

絆を感じること、質問と説明、安心、役割と成果の5つが伴わなければ、あるべき姿と言われても自分とは無縁に感じるに違いない。どんなシステムやしくみがあっても、それをきちんと実行しようとする動機や心がけにはならないのが働く者のホンネであろう。

「人はパンのみに生きるにあらず」、とは聖書の時代から言われている動機の原点である。生存説でありモチベーションの根源論になっていたインセンティブは生命生存の恐怖があった暗黒時代の名残であり、労働の動機に生存危機はあり得ない。その延長に報酬というインセンティブも効果を失ってきている現代の若者像もある。少子化、核家族化の影響もあり、就職や職業選択に親の影響を強く受け、さらには不動産などの相続財産の事前把握もできるために、追加報酬や給与条件というインセンティブはほとんど機能しなくなってきている。

報酬よりも休日を求める若者が増えるに従い、労働環境について全面的に見直しを始める企業も増えてきている。

このような労働に対する動機が、報酬や権利ではないところに焦点が当たり始めることは、労働環境重視の傾向と相まって、真の意味での働き方模索が始まっているといえる。

階層組織は上席者の判断、命令に忠実であることを想定していたが、組織がフラットとなり、命令では人が動かないかもしれない、という新たな懸念がもたらしたものはリーダーシップのあり方、人材評価や労働の評価や報償のあり方だ。

オーダー&コントロールとは命令とその実行監視という手法であり、軍隊的な組織を維持するために効果的と言われてきた。ビジネスも戦闘も類似の面が確かにあったが、組織進化の途上ではこのような命令重視、リーダーの判断や決断を盲目的に重視するマネジメントはもはや通用しないであろう。

代わりに生まれてきたのは、フェアプロセスという概念である。（1997年チャン・キム「フェア・プロセス」）インセンティブの持たせ方に、経営参画、意思決定に関わるという協調体感体制、従業員と組織の一体化という手法である。

インセンティブが金銭や役職、昇進や降格といった組織内部での資源の分配問題であったものを、命令の手続きや意思決定、方針への納得感を醸成する手続きの公正問題に切り替えた手法である。「人は尊重されることを何より重視する」ことの原理に立ち戻り、すべての従業員に尊厳と相互尊重を期待し、さらには経営や活動への参画、意思決定への関与を自覚してもらう手法である。

報償などの資源分配に比べて、手続き的な公正というものが重視されているのは今後の傾向といえる。これからの組織運営、マネジメントスタイルに欠かせない視点と言えよう。

教育制度の間違いとして、誰もが自然に向上心を持っているという錯覚がある。あるべき姿を実現できるように努力、技能向上、執着、習熟するには、指導者によって感情と心理を制御できなければ難しいはずだ。ヒトは分かってはいてもやりたくなくなる、からだ。同時にやりたくても分からないので相談できずに悩むこともある。ヒトは環境に支配され、回りの様子に敏感である。怠けやうそが横行するのに自分だけが善良なるも

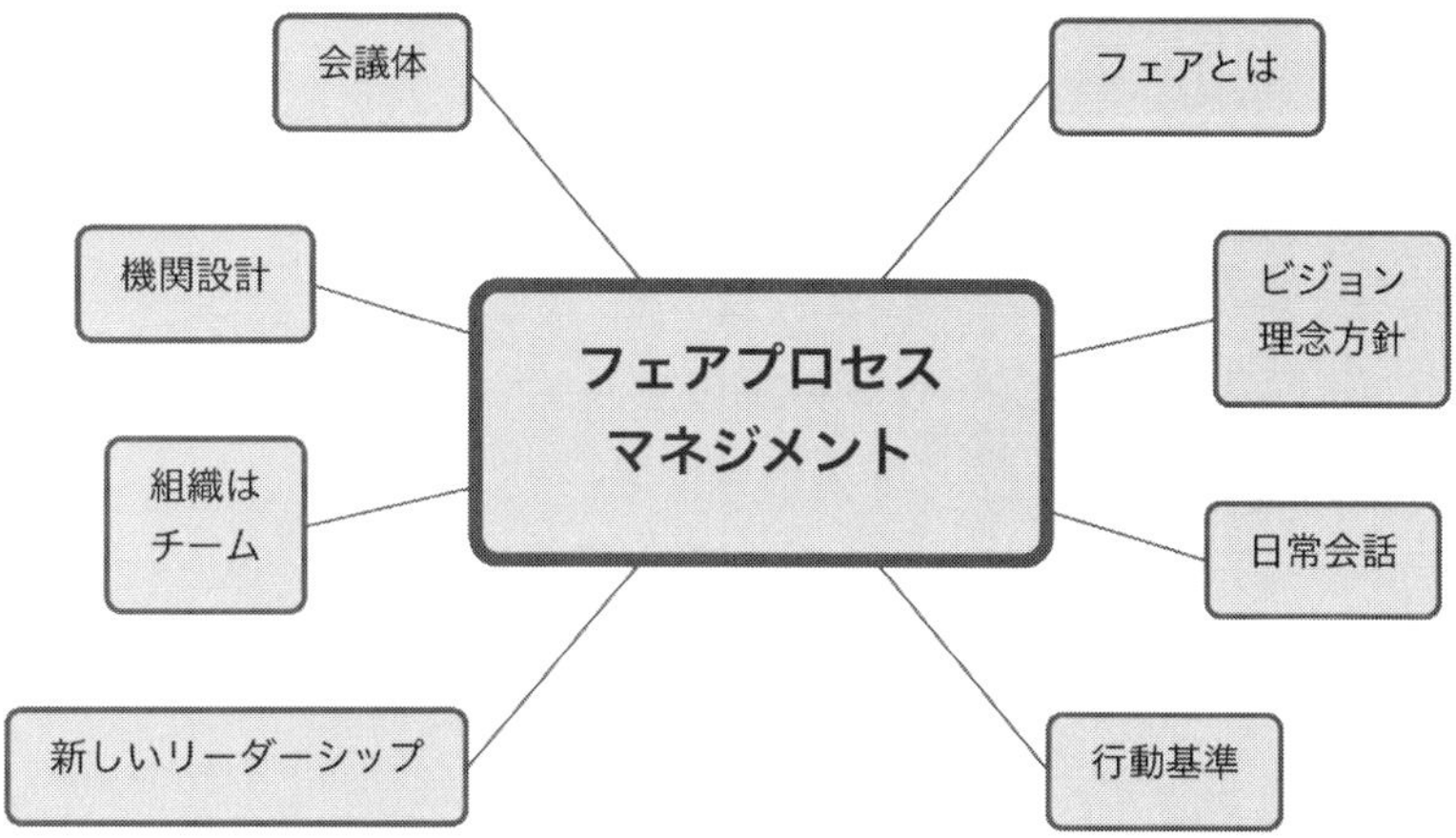

図43：フェアプロセスマネジメント要素

のとしていることは苦痛にしかならない。

だから会社と現場は常に公平で正義と良心を最重要視する価値観を持たねばいけないわけだ。効率の追求は、場合によっては**不作為**を生むことがある。やるべきことをやらねばコストもかからず、事故も起きない。不作為を見つけるのは難しい。しかしながら、教育や研修はプラスのアドオンばかりを求めている。やるべき、知るべき、心がけるべき、……理想は常にある。だからといって個人を責めていては終わりがない。今までは肝心の職場環境や価値観に触れることはなかった点を再確認しなければならない。

正しいこと、公平なこと、分かりやすいことをフェアプロセスと呼び、組織運営にこれを採用することが始まっている。会社や現場が公正さに基づくフェアな運営がされているかどうか、この一点に注目すると、たくさんの改善すべき問題点が多く見られる。効率追求、合理化とは業務プロセスよりも結果、手段よりも目的ばかりが先行してきたので、働く者の感情や心理、気持ちなどはどこにも配慮されていない。

このように経済的な動機だけでは、安定した成果を出し続けることができるかどうかは疑問が残る。多くの物流現場では改善成果を生み出すために、いろいろな施策が導入されてきた。最新型のマテハンや設備、情報システムや器材が登場して、導入当初は劇的な成果を生み出したが、継続できたかどうか。時間がたつにつれ、計画は計画となり、実績値がどんどん下がってくる。設備が壊れたり、器材が利用されなくなったり、ヒトが疲れた顔で働くようになり、新たな改善テーマが必要になるのだ。『**モラルとモチベーション向上**』、危機感がない、やる気が足りない、元気がない、できない原因を教育や研修、心構えで押し付けようとしても、ヒトには感情と心理が働くものである。〈いやだ！〉と思えば身体は動かないし、指示命令を聞いた振りで過ごしてしまおうとする。口だけの唱和になるし、見られている時だけがんばるようになる。悪意でも怠惰でもなく、善良さは残っている。

罰則には敏感に反応し、それ以上の向上心は特に深いわけでもないので、がんばりが長続きすることはない。現場にはびこるアンフェアの排除こそが、経営改善、物流改良、モラルアップの秘訣となるはずだ。

(1)フェアの定義
何事に対しても公平、明朗、納得を前提とした運営であり、行動基準となっているものでなければならない。

(2)ビジョンと理念方針設定
単なる経営数値目標や抽象的な言語ではなく、明確な事業推進ストーリーであり、そこには共通の価値観の提示が行われ、必要な約束と相互の信頼が語られ、目的と役割、行動基準、解説と納得を得られるためのしくみが設定されて、従業員各位はエンゲージメントと呼ぶ合意と約束を決意コミットメントすることを求められる。

(3)業務上での日常会話では、
●私たちの役割は〈○○○〉であり、
●チームのメンバーであるあなたを信頼している
●問題や課題があっても、私たちは良くやっている
●我々の次の挑戦は〈○○○〉だから、共に歩もう

(4)日々の行動基準は、

●**目標に向かい、努力する**

●**不安を感じない**

●**リスクを覚悟して、可能性を探す**

●**常に挑戦する**

(5)新しいリーダーシップとは、

自信を持って先頭を切る者ではなく、伴走する羊飼いのようなシェパード型でありチームの後方から全体の観察を怠らず、センサー&レスポンド（状況を素早く掴み、反応する）態度を失わないことが期待される。

(6)必要な組織は

●**チームワーク主体であり、**

●**相談できる人（チューター制度）がいる**

●**安心の場所（多様化を承認されて）であることが重視される**

(7)人事制度は、

●**360度評価となる全員参加が望ましく**

●**公正な配分制度を前提として**

●マスター制度（学習進度）があり、ベストプラクティスが明示され
●納得できるチューター（先輩）制度があり
●職場には指導者が存在し、成長の観察を行い評価される
という形態が整えられている。

(8)機関設計（物流事業者の場合）
●経営部門
●サービス部門（物流現場運営、輸配送、情報システム）
●管理部門（総務経理）
という3部門の協調で運営される。

(9)意思決定としての会議体運営
●目的と成果を事前に定めた定期会議だけを行う
●議案や議題は事前に開示され
●議事進行では説明と質問、全員の意見交換が行われ
●終了時には決定と周知がなされる
●単なる上位通知なら、同報メールなどで会議開催しない

このような運営は従来の発想やしくみと大きく異なる。すぐさま転換することは難しいであろうが、時代が求める労務環境、働く者の心理や動機を高める方法として一考に値するし、すでに技術ベンチャーなどの先端企業では導入を行なっている。

従来型の組織運営とポイントを比較すると次のようになるだろう。

従来型の組織運営がX、Y理論に立脚してインセンティブによって動機を高める原則が主流であったが、わずかな報酬増やポジションでは獲得できる権利よりも義務感が高じることとなり、そもそも長期雇用を前提としていない就労観では制度によるメリットを感じることはできにくい。

それよりも自身を高める環境や経験、チームワークによる居心地の良さ、労働と社会性の価値観の一体化など、「良いことを続ける心地よさ」に焦点を当てることが時代に合うようになってきている。

直ちに方向転換を図ることは難しいだろうが、人手不足、魅力的な職場作り、若者に関心を持たれる経営を模索する途上では、必ず出会うキーワードになっているのがフェアプロセスという概念であることを知っていただきたい。

分配的公正と手続き的公正（フェアプロセス）

	分配の公正	手続きの公正
制度	給与と評価 昇進と降格	意思決定への参画 反対意見への対応
管理ツール	権限と規定 金銭インセンティブ 組織構造	説明の機会 エンゲージメント コミットメント
労働態度	結果の評価と満足	信頼とプロセス
行動基準	命令に従う	自発的協働
業績結果	期待に応える	期待を越える

図44：組織マネジメントスタイルの違い

コラム　物流不動産とは何か　no.5

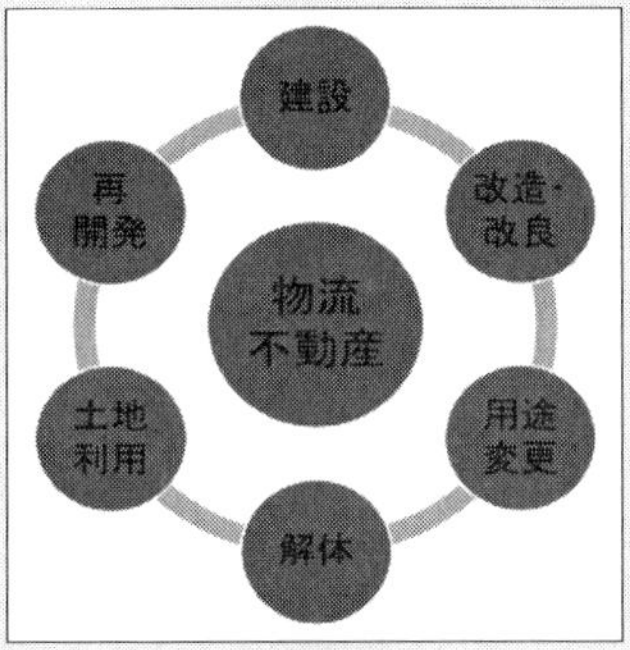

資本の論理は大きさを追究します。規模経済性が最も効果的な公式だからです。分散倉庫が統合され巨大化、そしてメガ倉庫に集約されるとき、残された倉庫の活用法を考えなければなりません。裏を返せば新ビジネスが誕生します。地域に新産業やサービス業の発生がなければ倉庫需要は一気に低迷することになります。

低金利政策によって、マネー供給は毎年増加傾向にあり、金融機関も優良な融資先を求めています。金融機関の業績を測る指標に預貸率というデータ指標があります。都市銀行に限らず多くの金融機関では、預貸率はこのところずっと低迷しています。預金に占める融資割合が70%という金融機関もあります。日本銀行との準備率制度からすれば、預貸率100%でも低すぎるくらいなのです。

投資によって倉庫が生まれ変わり、住宅やオフィス、新たな施設としての健康産業や医療機関に変わるとき、日本の持っている重大深刻な課題解決につながるとは思いませんか。

立地も重要でしょう、交通手段や集客のための仕掛けも必要でしょう。日本には100の空港、60の大漁港、1300の生鮮市場、そして鉄道駅に付随した物流施設があります。その役割は時代にマッチしてない状態かもしれません。生産や消費が低迷して、復活しないとしたら、その代わりには新しいサービス産業や医療介護といった高齢化社会に欠かせない施設が必要なのです。

P.195へつづく➡

第11章

国際貿易とグローバルサプライチェーン

グローバル・サプライチェーンとは、原材料から生産工程までを世界各国のパートナーに委託しながら、国際貿易によって製品を調達するイメージで語られる。国境を越えたアウトソーシングというビジネスモデルと言えよう。その理由は、原材料などの資源獲得と加工生産に関わる労働賃金の格差、為替問題を背景にしている。もともとは、鉄鋼やアルミなどは原材料と生産の技術問題から貿易が主流であった。特にアルミは、原材料のボーキサイトを利用するが膨大な量の電気を使用する。電力事情を世界規模で調べると、豊富な水資源を利用した水力発電の国が圧倒的に優位に立てる。だからこそ、カナダはアルミニウム生産のトップとなったわけである。日本も為替問題による急激な円高を起源として、製造業の空洞化と呼ばれる事態が生じている。世界の基軸通貨としてドル換算で計算すると、日本の工賃は異常に割高な時期があり、そのためのアジア進出が雪崩のように始まったわけである。

貿易は資源や労働力などの国際間の比較優位によって成り立つが、同時に世界は様々なリスクに囲まれており、自然環境の天候問題や国際政治情勢の影響を受けると、生産状況や輸送時間は緊急停止することもあり、カントリーリスクを十分に考慮しなくてはならない。それは、生産や国際貿易を各パートナーに連続して委託する複数契約の積上に影響し、契約で守られているからと安心できる状況にないリスクを覚悟しなくてはならない。

パートナーそれぞれとの契約は、専門商社や代理店などによって表面上には現れてくることはまれだが、いざトラブルが発生すると、契約条件がむしろ阻害要因や制約となってサプライチェーンは遅れたり、中断の危機に直面することになる。

国際貿易は複雑な契約が様々な文書と情報伝達、役割分担の上に成り立つビジネスだが、最近この契約というしくみに複雑さと情報の非対称性などの潜在的な問題があることを研究したオリバー・ハートに2016年ノーベル経済学賞が与えられたことは注目しなくてはならない。経済学と契約論はどんな問題と課題を抱えているのか、国際貿易と合わせて検討する。

第1節　国際貿易のプロセスとインコタームズ

国際貿易と国内の物流・ロジスティクス事業者は全く別物と考えられており、歴史や出自も異なる。国際貿易の実務家も商業英語の達人から公務員資格の通関士まで、多様な広がりをもつのが貿易業務である。詳細は専門図書にゆずるとして、概念と近年問題視されている契約論について整理する。

国際貿易は商材の国境を越えた輸送である。国を超えるためには各国の税制度や国際法規に従った手続きが必要となり、そのために多くのパートナーの手を経て国境を渡ってゆく。図は海上輸送でのイメージであるが、船を利用する貿易プロセスでは各工程に運賃と保険、作業費の負担が売買双方に分かれる。

上図は全体の工程を表し、下図は作業プロセスを示している。作業や保管輸送に関わる費用と保険の分担を示すのが**インコタームズ**（International Commercial Terms：貿易条件）と呼ばれるプロセスと費用負担の説明である。

ビジネスパートナーとして専門商社などにすべての業務を業務委託することは可能であり、そのようなフルサービスを請け負う事業者は多い。また、国内の物流事業者でも貿易手続きなどはパートナーに任せて、作業のみを請け負うものもある。重要なのは、貿易に関わるコスト、損害賠償保険と契約条件の見極めである。

図ではＥＸＷ～ＤＤＰまで、輸出者側の負担の範囲を表している。費用負担は売買契約に定められるから、一方的な問題ではなく、リスク範囲と見ればよいだろう。つまり、ＥＸＷは輸入者が全面的に負担することを表しており、ＤＤＰは輸出者が輸入者の倉庫までの費用を負担することを表している。

図45：国際貿易プロセス

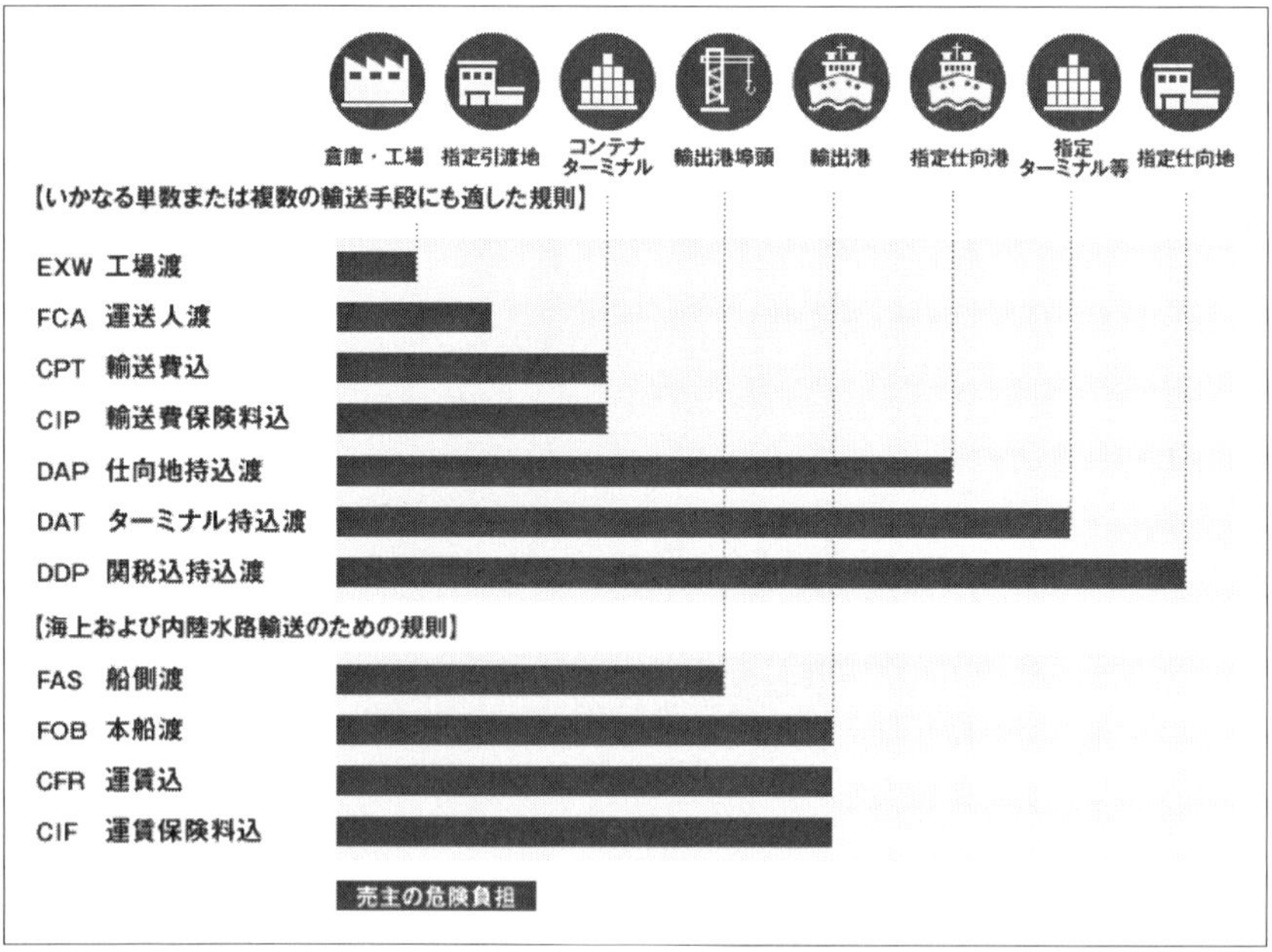

図46：インコタームズのイメージ

第2節　国際物流事業者（フォワーダー&物流・ロジスティクスサービス）

国際輸送を行える船や航空機を保有する企業とは区別して、貿易の海運と空輸を行う企業を**フォワーダー**と呼ぶ。一般的な貿易代理業務、3PL物流事業者としてドアツードアサービスを展開している。空輸代理店を**エア・フォワーダー**と呼ぶのに対して、船を利用する代理店は**NVOCC**（Non-Vessel Operating Common Carrier）などと呼称する場合もある。その他にも船や飛行機に貨物を積み下ろしする専業者や貿易書類の内容検査、食物検疫や関税の公的機関など、国際物流の世界ではビジネスパートナーの棲み分けが曖昧、かつ分かりづらい業界と見られている。モノの保管と輸送の他にも、代金決済の銀行と貨物保険の損保社が関わり、さらに国際取引の財務省税関が各貿易港には設置されており、申請書類作成にあたっては記載事項の適正化を図るために検量、検数機関までが介在している。

詳しくは通関士などの専門図書に委ねるが、多くのパートナーが介在することで専門性が高まり、かなりのリスク分担が図られることになる。いわば相手の見えない取引を遂行するのであるから、代金の決済や輸送の安全性確保という明示的なリスクは制度として確保されている。

しかし、多様な業務分担がある反面、多くの代理行為が含まれるために料金の不明瞭さや契約条件、万が一の事故保障手続きなど、契約条文に関わる課題が多く含まれるのも貿易の難しさである。

貿易相手国には日本とは異なる法規・法令があり、国際取引を規定する国際条件も多く存在する。以下は代表的な条約であるので、確認しておきたい。

WIPO：world intellectual property organization　世界知的所有権機関

WTO：world trade organization　世界貿易機関

ウィーン売買条約

信用状統一規則UCP600

ヘーグルール

ワルソー条約

ワシントン条約

モントリオール議定書

バーゼル条約

RoHS指令、WEEE指令

また、以下は関税に係る制度である。

保税蔵置場

NACCS：Nippon Automated Cargo and Port Consolidated System

AEO：Authorized economic Operator

HS品目コードHarmonized Commodity Description and Coding System

第3節　契約とその課題と対策

貿易に関わる重要書類は次の4点であるが、作成は各パートナーに委託することになり、業務委託契約が行われる。

貿易に必要な重要書類

契約書：CONTRACT　売買契約書

インボイス：INVOICE　商業送り状

P/O：PURCHASEORDER　注文書

L/C：Letter of credit　信用状

取引に必要な書類作成は物流事業者が代行することもあり、製品の保管や輸送という物流活動の契約条件に含まれる事が多い。貿易業務は歴史上の経験則から整備された契約条文で構成されるが、国内の物流事業者にはこの文化がなく、契約には曖昧さが残されている。

本来の契約とはビジネス取引であり、サービスと料金を定めるものであるが、日本では契約条件を明文化する文化がなく、ほとんどが簡易契約とも言えないほどの約束に過ぎない。料金の見積書然としたものや口頭約束を箇条書きにした程度のものまで、多様多岐にわたる。貿易業務は高度な法規に関連する部分もあるので完成度はかなり高いが、すべてのリスクを網羅して、万が一の場合の救済案まで示されている事例は非常に少ない。

経営環境のなかでは、リスクマネジメントとビジネスの事業継続性が重要視されており、業務委託の進んだ分野における契約の重要性は急速に求められるようになっている。日本国内での製品の保管や輸送は、許認可事業者登録が必要であり、輸送業務と保管業務はそれぞれ運送業法、倉庫業法で規制されている。しかも標準約款という契約モデルが開示されているので、運輸・倉庫事業者には救済案が設けられている。

その反面、国内貨物における委託側（荷主側）の救済を網羅した契約モデルは開示されておらず、各事業者との双方協議で定められているのが実態であり、その詳細は不十分である。

物流・ロジスティクス活動には、契約条文では定めきれないほどの詳細の業務が含まれており、料金もまた厳密に定められているとは言えない。費用負担の不明確な関連業務が事業者の生産性や運用面での障害になっている事例は数多く散見される。

第4節 ノーベル経済学賞契約論

２０１６年ノーベル経済学賞にオリバー・ハート米ハーバード大教授と、フィンランド出身のベント・ホルムストローム米マサチューセッツ工科大教授が「**契約理論への功績**」（『オリバーハート：企業契約金融構造』）として受賞した。その要点を整理すると。

１　アウトソーシング隆盛の現代、**企業の境界線**を明らかにした。（自営と委託の境界）

2　どのように契約条件を整備しても、**完全な契約は成り立たない**。（不完備契約）

相手との間には、**情報の非対称性**（双方が有する情報には違いと格差がある）が存在する。そのために、突然の契約停止（ホールドアップ）が起きるリスクを回避できないというのが、骨子である。

また契約締結における双方の設備投資は、**関係特殊投資**となって回収保証がなく、中途解約（リバースホールドアップ）による賠償問題への対応策がない。いずれも契約という双方平等の精神からすると、極めて異常な事態が当然とされている点に契約が持つ未成熟な点を考慮しなければビジネスリスクを排除することはできない。

3　賠償規定はあっても、**執行保証がない**。（賠償請求と執行は法的に別問題）

4　契約執行の監視や管理コスト、エージェンシーコストを排除できない。

このようなビジネス契約の不安定さを研究することで、アウトソーシングの活用を前提とした現在のビジネスモデルには危うさがあることが証明されている。物流・ロジスティクスと国際貿易では多くのパートナーとの明示、暗黙の契約が前提にあるが、契約条文を精査してその執行を監督するには多くの管理コストがかかり、万が一のリスクに備えた条文があったとしても、それが完全に担保できる保証はないという点に研究成果が現れている。

そのため、大手の巨大企業グループは物流・ロジスティクスのアウトソーシングから内製化に向かう動きがあり、水平統合、垂直統合を進めるために、新たな統合課題を抱えることになった。それは、物流子会社の本部統合にともなうパフォーマンスの低下やインセンティブを高めるための追加コストなど、メリット・デメリットが相反するような事態になっている。このような研究成果を元にすると、業務委託契約内容の詳細な点検と双方での理解確認、また事業経過段階における事案評価や課題確認などの定期協議が重要となることを確認しておきたい。

物流・ロジスティクスアウトソーシングについては、後述の第12章でも扱うようにする。

コラム　物流不動産とは何か　no.6

コロナ禍が終息したらオンラインでつながる世界から、低価格航空路線でアジアのお客様は日本の100の空港へ自在にアクセスできるでしょう。日本には優れた医療技術があり、アジアのお客様を受け入れるために空港に隣接した医療機関や健康産業の可能性が十分にあります。娯楽や商業施設も外国人とともに楽しむなら、空港や港湾地区にこそ新しい街づくりが可能なのです。

羽田病院、成田クリニックというアイデアは、ちっぽけな夢物語なのでしょうか？

商業施設、健康医療機関、教育研究機関、データセンター、シニアと子育て世帯の集合住宅、……

未来地方都市の中核になるのは物流施設というのが、私の描いている夢です。日本を元気にするためには、我々日本人だけの感性や視点だけでは不可能です。海外のお客様をただ単に自然や文化の観光だけでなく、医療や教育、買い物や娯楽という新しい体験をしてもらいたいですね。それこそ、東京オリンピックの招致テーマになった＜おもてなし＞を発揮できるではありませんか。物流拠点が商業施設や医療機関、教育施設とつながり、同時に海外からのアクセス空港に併設されることで、新しい未来都市が出来上がるのではないかと、ワクワクしているところなのです。

第12章

アウトソーシング、垂直統合と水平展開

今日現在（2020年5月）の経済状況をみると新型コロナ感染対策のために、全国で緊急事態宣言が発令されており、世界主要国では未だに都市封鎖が解除されていなかったり、大感染が進行中の状況下にある。

発端となった中国では一時回復を宣言して、都市封鎖解除と交通機関が開放されたようである。世界のサプライチェーンの始点であった生産現場も稼働を始めており、日常に戻りつつあるようだ。しかしながら、この新型コロナは完全に終息消滅するわけではなく、ワクチンや治療薬の開発まで数年規模で監視と抑制を行わなければならない。収まったかのように見えているだけで、世界は新たな日常を迎えることになるのだ。

これまでの世界の主力産業は自動車、建設、重化学、エネルギーであったが、パンデミックを経て主要産業は大きく変わるに違いない。今日現在の最重要産業は医療であり、食料確保だからだ。人々の生

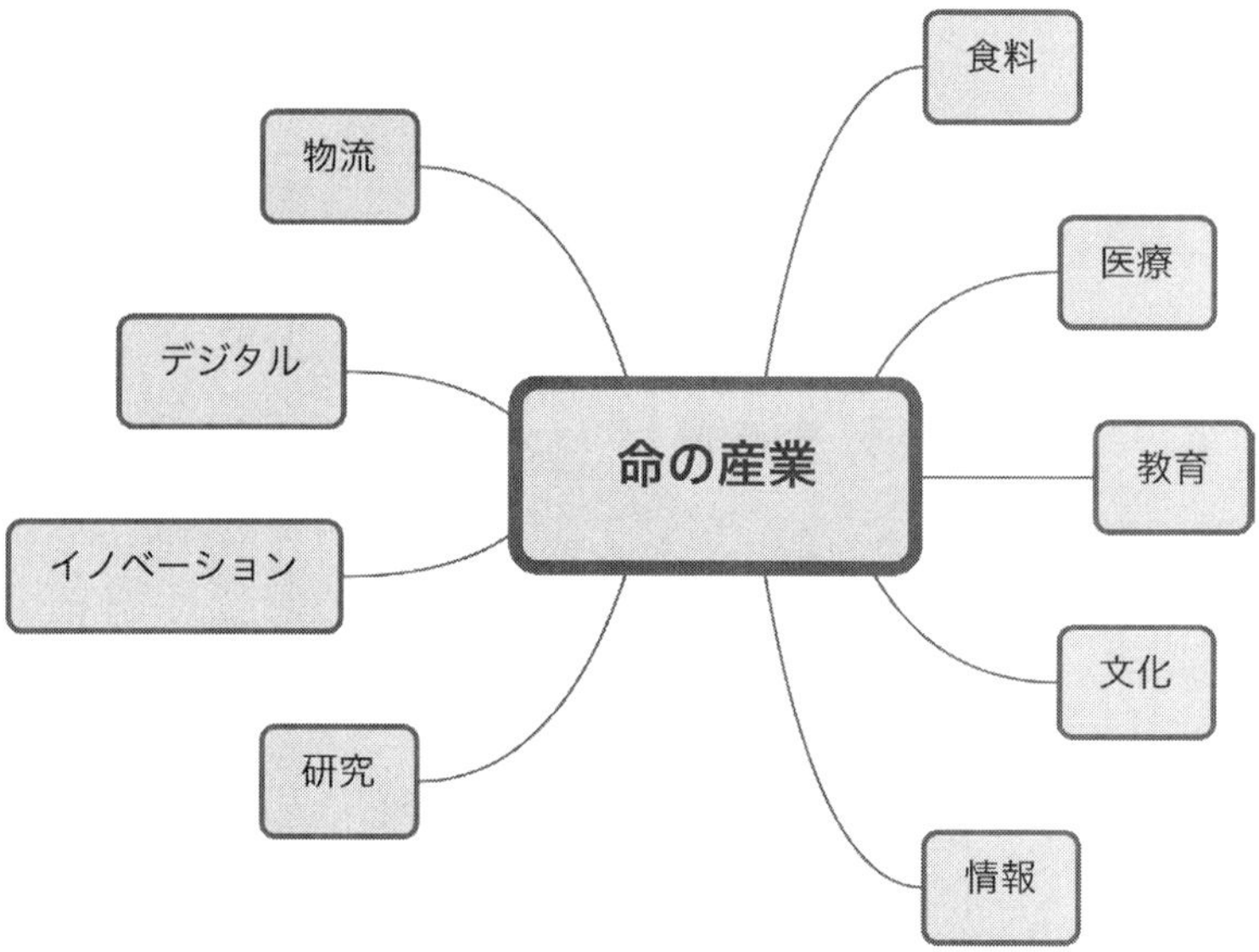

図47：コロナ禍による命の産業再評価

存のために欠かせない業務や産業・サービスに従事する人々を、**エッセンシャルワーカーズ**と呼び、特別な敬意を持つことが必要だ。そして、この傾向は今後も変わらずにエッセンシャル産業への転換が進むだろう。国境を越えてグローバルに展開してきたサプライチェーンの内製化も各国では進むだろうし、それに合わせて自国主義が目立つようになるはずだ。人の移動が制限され、仮に緩和されたとしても再びの規制を恐れたリスク回避行動は産業サービスそのものへの影響をもたらすだろう。

かつての世界のリーダーであり、警察官だったアメリカがすでにその立場を降りており、アメリカファーストとナショナリズムに向かっていることから、現代世界は混迷の時代が続いているともいえる。いち早く回復し始めた中国の台頭は、世界地図を塗り替えることになるかもしれない。

第1節　アフター・コロナは再シェアリングを歩む

経済活動は効率化と採算を重視する経済人の常識で動いてきた。数多くの紛争や戦争を経てもこの常識は変わらずに、効率化こそが最重要課題であった。しかし、パンデミックによってこの常識が覆される事態になったのは皮肉である。効率性を重視したために在庫切れで医療物資が入手できず、サプライチェーンをグローバルに展開したための原材料供給が遮断され、製造ラインもストップしたのだ。

従来までも小さなストップや欠品という事態は繰り返されてきた。災害に備えた事業再生計画BCPの重要性も理解して、様々な取組と試行錯誤によって計画は立案できていた。しかし、パンデミックは全くの想定外であり、**ブラックスワン**（ありえない事態だと長年考えられてきたが、発生すれば当然と見られる事象）の登場でもあったのだ。

効率性を追求したための受難経験はこれから何を教訓とするだろうか。未だに終息の道が見えていないが、世界はすでにアフターコロナのシナリオを描き始めている。

まず産業界が学んだ経験は、グローバルに展開した**サプライチェーンへの反省**であるだろう。パートナーシップと長く距離を伸ばすことは、いかに情報や契約で守られているとはいえ、断絶のリスクがあり、覚悟していたとしてもいざ遮断されれば回復の道は見出しにくい。手持ち在庫での生産活動もすぐさま停止を余儀なくされており、効率化追究と事業停止のリスクを両立させて比較すること事態が誤りであったことに気づく。

リスク回避のセオリーは、二重化、多重化というある意味での今までの効率化を除外した取組みにもなる。医療や軍事の現場では、命のためには停止を避け、そのためのコストを度外視するのは当然であり、その意味でも今回の教訓から、事業継続のためのリスク評価と適正な対策の再検討が必要になるだろう。

アウトソース、すなわち外部資源の活用はリスク発生により外部と遮断されてしまえば、万事休すとなる。多重化、二重化、複線化の思想からは、外部と内部の資源をバランス良く確保することが求められる。つまり、外部と内部のリソースを使い分けるという意味で、双方で分け合うというシェアリングの設計になるのだ。双方を同時に活用するか、相互に使い分けてどちらかが遮断されても生き延びる策を確保する必要が高まっているといえる。効率化と事業の継続性の双方を見極める段階に来ている。どちらかを選ぶという選択の問題ではなく、重きをどちらに置くかというバランス問題である。どちらも選べる、分け合えるシェアリング問題なのだ。

従来はコストやその他の面から、外部リソースを活用することが効率性の面で支持されてきたが、今後は外部と内部の両方のリソースを互いに使い分けるという意味で、アウトソーシングの契約の問題も含めての再シェアリングという発想が重要になるだろう。

アフターコロナの世界では、当分の間は社会不安が続き政治や経済活動の面でも従来とは全く異なる風景が出現することになる。都市化や集中による効率化が見直される時代に入ったともいえるのだ。

日本でも「**新たな生活様式**」という企業や教育現場、生活の場面における人との交流や行動様式の変化が起きている。中国や韓国のようにいち早く終息を迎えられたのは、個人プライバシーを犠牲にした罹患者追跡システムだった。人の行動記録や接触情報を公開して、強制的な隔離制度を推進したのだ。言うなればビッグブラザーによる監視社会の到来ともいえるだろう。このような政治体制を選ぶかどうかは、民主主義の根幹にも関わる問題であり、日本では議論と結論には相当量の時間が必要になる。また、感

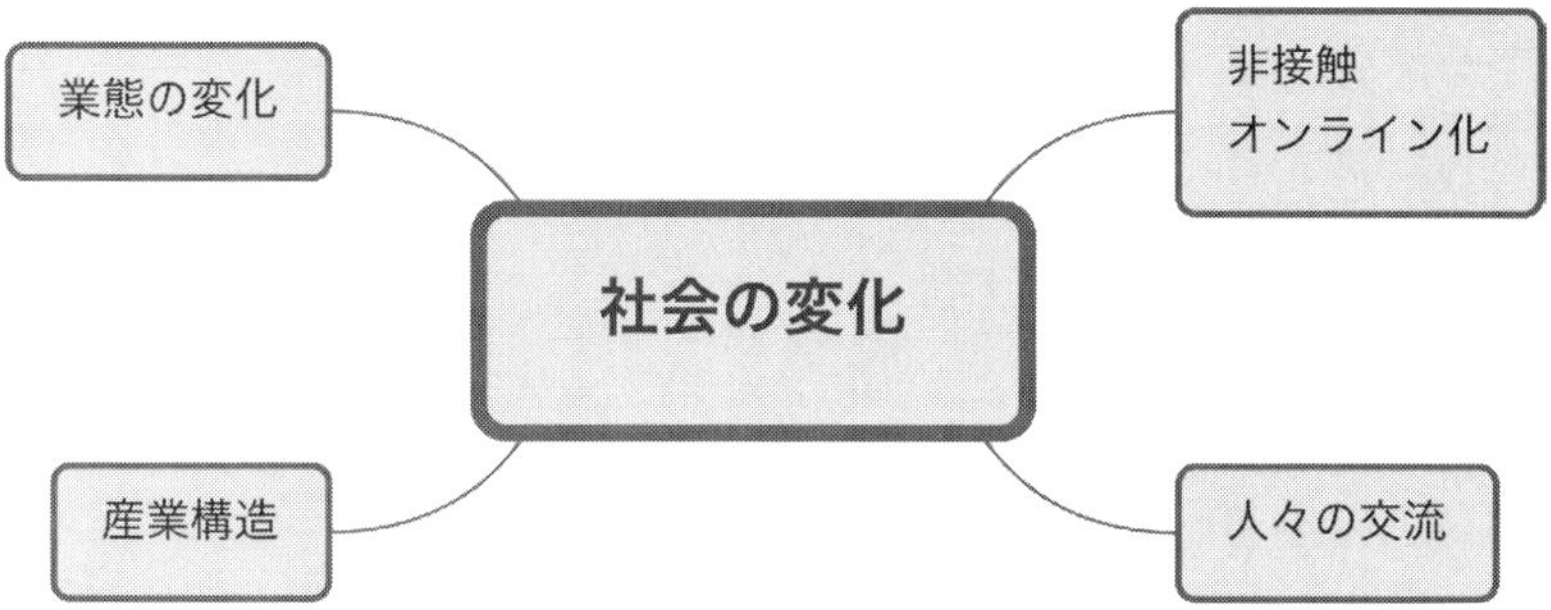

図48：アフターコロナの社会

染拡大が再発することも想定内におけば、再び強力な自粛と閉鎖が行われることとなり、命のための社会インフラの安定供給が求められる。エッセンシャルワーカーは地域に感染拡大が起きた際にも、医療治療や生活を支えるための最重要の業務として、国民からの信頼と尊重、そして特別な防護で彼らの活動が守られなくてはならない。活動を支えるための防護ツールはさらに研究され、最新のものが供給されるために全産業が取り組むことになるだろう。いわば命を守るツールや技術がこれからの社会では最優先産業となることが見込めるのだ。

社会は都市化と集中を避けるようになり、行政、経済、教育などの従来のあらゆる場面ではリモート対応が求められ、オフィスや学校への出社や登校は最小限度に制限されることになるだろう。リモートワークそのものがメイン活動となり、人との交流接触を最小限に抑えるための代替手段が確立されるまでは、従来型の大規模イベント会場や劇場ホール・スタジオでのショービジネス、展示会、演劇などは自粛・大規模では停止となるに違いない。関連するサービス事業やエンターテインメント業界にとっては大変な試練が今後も長く続くであろう。文化芸能事業は、民間では継続が難しくなり、公営や公務員として再スタートを目指すかもしれない。

企業も間接業務のリモート化によってオフィス需要が激減し、さらに都市か

図49：アフターコロナの産業界

ら脱出するオフィスは地方分散型となるに違いない。オフィスビル需要は激減して、業態転換が必要になるだろう。営業活動はオンデマンド型の非接触オンラインが主流となり、営業マンの絨毯攻撃のような訪問商談は激減するだろう。

会社組織そのものがリモート体制と分散化に向かい、製造工程では徹底した自動化と作業員の削減化が計画されるだろう。そのための設備投資は政策支援投資となり、特殊な減免措置が図られるに違いない。

主力産業は医療衛生関係に向かい、防護機材、医療機器などの開発が進むであろう。シャープがクリーンルームを活用して衛生マスクを製造した途端、１０７年の事業歴の中で最大のヒット商品となったのは話題となった。この他にも中国に生産委託してきた衛生医療関係部材は、今後は国内回帰となり、異業種の新規参入が促進され、同時に助成や補助、励行されるようになるはずだ。産業構造はまさに命をテーマとした商材に主役が移行することになる。いち早く商品転換、事業構造の転換を行うものが生き残れる可能性が高まることは間違えがないだろう。

リモート化、自動化・省力化、デジタル化、情報社会の中での産業転換は、従来型の自動車産業に傾倒した系列群から社会変革を迎えることになる。次の商材、産業、サービスの行方を探ることが最重要であり、この緊急事態をNEW NORMALへの準備期間として捉えるべきであろう。日本は世界で最初に超高齢社会を迎えるわけであり、労働力と総需要の急激な減少に備えなければならない。パンデミックが追い打ちを掛け、進行速度が早まる中でどのような産業と社会を目指すのか、国家運営の重大な岐路にも差し掛かっている現実を注視しなければならない。時代の転換期ととらえ、変革をいとわずに挑戦する人材の志こそが最も重要な経営資源となることだろう。

第2節

物流・ロジスティクスの統合問題

前節では従来の産業構造が今回のコロナ禍によって、大転換を余儀なくされている現実を指摘したにとどまったが、産業の変化はそのまま物流・ロジスティクスの変化につながることも明らかであり、景気後退による既存産業の低迷はそのまま物流への依存度低下となるはずである。

コロナ禍が明らかになる以前には、物流・ロジスティクスは、過当競争の挙げ句の人手不足と料金問題によって物流停止の危機感にあふれていた。そのために行政は特にトラック料金についての適正化、妥当化と料金値上げ促進のために標準料金表の制定を行ったばかりであった。

東京~大阪間の片道トラック運賃は従来まで値下げ競争というか、各社によるダンピングが進んでいたが、標準料金表では現行の市況料金相場の2~3倍の設定が含まれている。標準運賃表には強制力があるわけではないが、物流危機に合わせた妥当感による料金の答申は運輸業界への安心材料となった。しかし、突然訪れたコロナ禍によって産業界の低迷が始まり、料金問題以前に各産業や業界そのものの存亡が危惧される事態となっている。

特に主力産業である自動車業界では、2020年度は30%以上の減産を余儀なくされており、回復の目立は立っていない。グローバル・サプライチェーンの影響を受け、中国からの原材料資材の輸入が途絶えたためであり、景気後退感による自動車新車需要の蒸発が大きい。

その他にも類似構造にある住宅建築資材も中国との流通中断によって、特に住宅設備が滞る事態となり建設が中断している。オリンピック開催を目処にした高層マンション建設も停止しているばかりか、高気密住宅であることから今後は購入中断、一気に人気が下がる予想が始まっている。

自動車と建設・不動産は日本の基幹両輪産業として君臨してきたが、その足踏みは関連産業と同時にすべての景気指標を押し下げる結果となった。

物量や物流・ロジスティクスへのサービス要請も今後はしばらくの期間、低迷が予想され、にわかに活況した食品、スーパー、日雑関係の商材とは対比をなしている。

大規模商業施設、大型百貨店、ホテル、飲食店の営業自粛・営業時間制限によって、高級食材や酒ウィスキーの行き場が失われた。比較的好調なコンビニエンスストアも都市部ではオフィス需要の激減により、売上を30％以上失う店舗も出てきているという。

まさに全産業の物量低下による逆の意味での物流危機が訪れようとしている。

前節の再シェアリング傾向は、物流アウトソーシングをも含めたリスク評価の対象となるだろう。停止や中断のリスクを読

改正貨物自動車運送事業法に基づく標準的運賃について
令和2年4月24日

1　運賃表の設計方針
地方運輸局単位での車種によるチャーターを前提とした、距離性、時間制の運賃表を策定

2　運賃と料金の考え方
待機料、高速料金、サーチャージ等は運賃表とは別に規定

3　適正な減価の考え方
実運送に関わる原価を基準に運賃を算出し、運送事業の管理費等を加味して現実的なコストを反映して算出

4　適正な利潤
自己資本に対する適正な利潤額を算定

図50：標準料金表の制定

み込めば、製造販売と連携が分断されるかもしれないリスクは回避しなければならない。その意味でも物流アウトソーシングは自営化へと一気に回帰するだろう。すでに、物流子会社が解消されて本社機関に内蔵される傾向が出てはいたが、それは物流管理機能の再評価であり、実輸送や実物流の回帰ではなかった。今後は物流料金値上げの問題回避策としてではなく、サプライチェーン中断回避のために物流自営化か物流アウトソーサーのM&Aによる吸収統合が企画されるに違いない。

第3節 農林業と物流・ロジスティクス的解決法

密集、密接、密室防止の外出自粛により、外食習慣が内食となり、EC通販、出前デリバリーが活況となっている。宅配事業者は流通業者向けのケース配送から個人宅配向けのバラ単品配送となり、中型トラックから小型軽自動車による多頻度配送が、自営独立の事業者が多く参入しているという。戦後最大の不況となる今後の予想展開から、多くの産業が人員リストラを余儀なくされ、ほとんどの飲食店は事業継続が困難となり、宅配事業者への参入が活発となることが想像される。何より軽トラック自営業者の独立資金は少なく、経験もさほど必要ではないため、今後ますます拡大するEC物流を支える受け手として活躍するだろう。

ただこれも小売流通業の店舗を代替する構造であり、流通業界が特別に活性化するわけではない。スーパー、量販の流通量は人口規模に比例しており、流通業の業績はすでに平成期から成長鈍化に差し掛かっていた。人口減少と高齢化により一人当たりの食料消費量は低下し、少子化より就学児童用品から新卒就職生までの日用品市場も低下傾向にある。

実小売店舗とEC物流は共存と代替、相互関係ではゼロサムゲームにふさわしく、新たな市場を創設しているわけではないことに留意しなくてはならない。量販店の業績とEC通販の業績は相互に消し合う関係なのだ。

では、今後の拡大成長する余地のある商材と業界、それを支えるための物流・ロジスティクスはどのように見込めるであろうか。

それは前節で取り上げた、命の産業関連になるだろうし、グローバル・サプライチェーンの国内回帰による産業構造の転換による原材料部材の一貫物流・ロジスティクスへの期待である。

我が国の食料確保と食糧自給率の向上関心は否が応でも高まり、農業サイエンスが活発化するだろう。そして、多様化した農園を意味するテロワールの再考が行われるに違いない。米作から離れて、小麦大豆などの穀物、野菜、牧草、畜産、畜肉加工などが一連のサイクルとして生産から消費、販売を行う多様化農園がスマートテロワールだ。

農業は地域の気候天候に左右され、継続には多くの人手を必要とするが、時短勤務や細切れ時間の分業、老若男女の誰もが従事できる労働集約型の産業でもある。農業だけ、酪農だけ、米だけ、野菜だけ、畜産だけ、食肉加工だけ、という単産業、単生産では規模も必要となり採算も合わなかったが、複合化による農園経営、複合食品工業圏を目指すことで、日本が抱えている少子高齢化対策でもあり、食糧自給率向上にもつながる妙手となるのである。

カルビー社長を退任後、NPO法人「日本で最も美しい村連合」を立ち上げた故・松尾雅彦氏は、農村自給圏構想「スマート・テロワール」を提唱した。松尾氏はカルビーのポテトチップ商品開発にあたり、良質のじゃがいもを安定確保するために、北海道農家と長期契約を結んだ。天候に左右され価格相場が乱高下したのでは農家経営にも不安があり、カルビーも商品製造の安定供給の不安がある。双方の課題解決のために７０００haのじゃがいも畑を固定して全量買い上げ、豊作・不作に関わらず安定契約を結んだのだ。全量買取、不足分は価格補填という双方がコミットすることで、じゃがいもの品質向上と収穫の業務改善が進む。民間企業が農家との契約とは、大資本と個人事業者のような対立的な感覚を抱くが、双方平等の精神があり、互いに点検し合うことでベストディールを続けることができる。松尾氏のカルビーはその道を選んだのだ。

カルビー退職後の松尾氏はその経験を生かして、農業経営に苦戦する地方農協と共同しながら、農家の課題解決、食糧問題の解決に人生を掛けてきた（２０１８年2月逝去）。

農業と比して厳しい環境にあるのが林業である。どちらも後継者不足、就業者不足で業種としては沈滞化に向かっている。日本は国土の６０％が森林であり、豊富な樹木の種類を生かした木工産業が期待されてきたが、建設資材や木材の価格は輸入品に押されて低迷している。本来ならば豊富な資源を有効活用して、量産化、工業化して新たな商品開発と価格競争力を確保すべきところであるが、活かしきれていない点が残念である。

図51：スマートテロワール農園農業、里山資本主義

ＮＨＫ広島の熱心な取材番組に基づく「**里山資本主義**」は、林業とバイオマス発電によるエネルギー問題への解決策を模索した取組である。農業と林業を再発明することで地域産業の活性化や少子高齢化対策となる道筋を説明してゆこう。

物流・ロジスティクスは工業生産品ばかりで語られることが多いが、一次産品の農林水産林業も物流・ロジスティクスを活用している。特に多くのサカナは海外から空輸で運ばれ、住宅木材は輸入材が船で運ばれる。食料も米は別格としても、大豆、野菜、畜産飼料のとうもろこしも貿易によって流通しているものが大半なのである。

今、日本には物流を必要としている農業と林業がある。農業は命の源であり、林業は住宅とエネルギーに欠かせないからだ。市場におけるコスト比較問題を貿易取引で解決するのではなく、国内内製化によって対応させたいと願うのは、国民生活の安定、農業林業の事業継続性、天災やカントリーリスク回避の面からも十分に検討する価値のある方策ではないだろうか。

あえて新産業として農業、林業を取り上げ、物流・ロジスティクスによってその解決策を描いてみたい。農業も林業も担い手不足という労働力問題が生じており、そのために農業では休耕田畑（減反政策や管理不能のために放置している田畑用地）が増え続けており、林業も同様に放置山林地が増加している。農業、林業の就業者不足は労働と対価である賃金問題だが、農林業を政策的にテコ入れすることが日本にとっては人口減少と少子高齢化対策につながるプロセスを図解する。

松尾氏が経営していたカルビーは、菓子スナックメーカーであり、その売上規模は２５００億円である。実態は2500の契約農家が経営する7000haのじゃがいもから始まっている。いわば、農業の関連産業としての2500億円企業といえるのだ。しかも扱い商品の殆どが、じゃがいもという単一産品が多くを占めている。

類似の農産物メーカーでは、カゴメはケチャップやジュースがメイン商品であり、トマトという単一産品で1800億円である。キユーピーはマヨネーズが主力商品であり、原料の卵でやはり5000億円の規模を誇る。日本にはこのような単一農産品で巨大な食品工業を形成しているといえる。それは、1億人を超える人口があるからであり、減少するとは言えまだ巨大な胃袋が国内にあるのだ。

食品工業は巨大な工場を必要としており、多くの従業員雇用と複数の農家をつないでいる。そして食品工場も農業も、女性が多様で重要な働き手として活躍している産業なのだ。特に農家は今でも大家族構成であり、一家総出で畑を見守るという体制になっている。

もし、じゃがいも、トマト以上に新たな農産品目を見出し、それを産業化することができれば、やはり約2000億円のマーケットを作り出し、多くの農家と家族の生活が支えられることになるだろう。果たしてそのような産品は思いつくだろうか。輸入食材を振り返ればその可能性に気づくことができる。まず、野菜、そして大豆、とうもろこしである。国内消費の

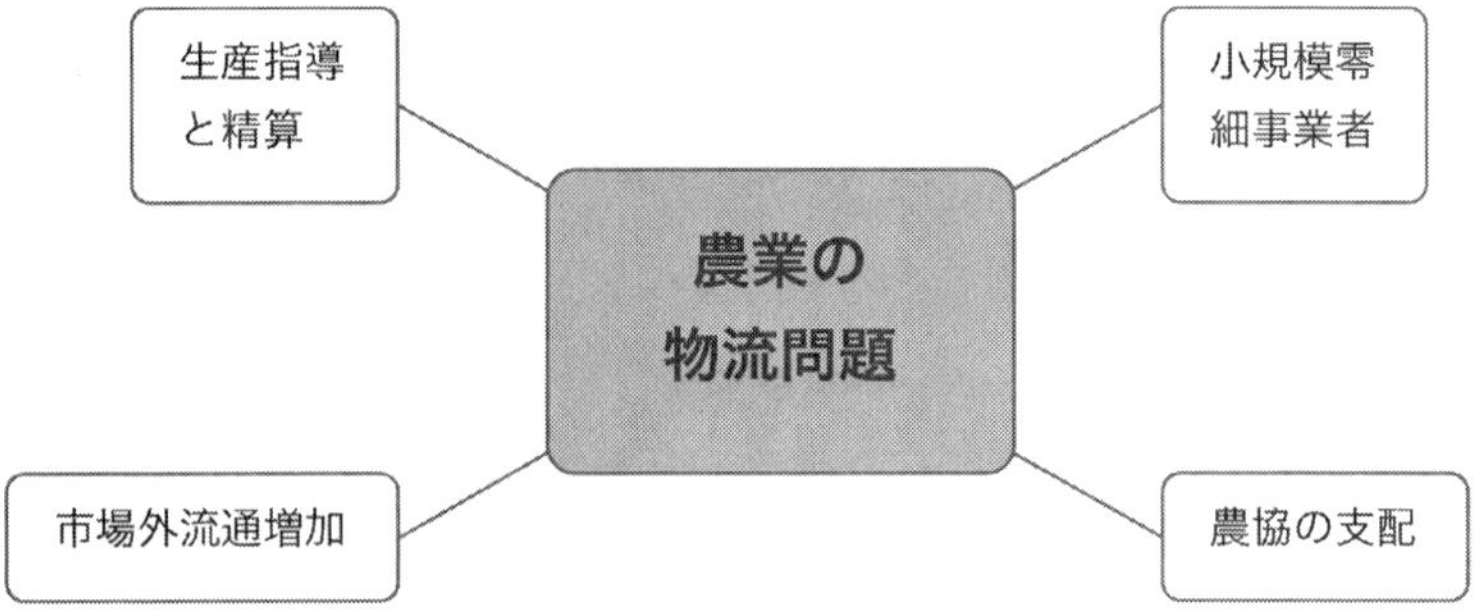

図52：農業の物流問題

大半は価格が安い、という理由から輸入に頼っている。日本食の主要原料ともいえる味噌、醤油、豆腐は9割以上が輸入大豆を原料としているのである。とうもろこしは畜産の飼料として輸入されている。世界に名だたる和牛、地域名産牛の育成には、牧草ではなくとうもろこし主体の混合飼料が使われている。それも、放牧の管理要員不足と飼料のコスト問題が理由になっている。

コストは確かに重要なファクターであるが、取引契約があるからともいえる。産業が分割され、取引が必要になっているからカネ問題が生じているわけであり、一体化してしまえばコストは全面には出てこない。

つまり農家と畜産をつなぐための飼料を牧草地として畑を利用し、農業では季節ごとの大豆、野菜、牧草、休耕という輪作と畜産工場の連鎖を作り出せればコスト問題は解消できるのではないか。

国家の人口減少問題を食い止めたのはデンマーク、オランダであり、彼の国は農業国家ともいえる。酪農と農業品目で貿易立国になっている。農家は生産量の70%以上を輸出品目として誇り、その生産現場を支えているのはシングルマザーであると言えば驚くだろう。

国家の人口減少を支えるためには、働く女性を支える産業構造が必要であり、それは託児所作りや多様な働き方が許されるオフィスワークではないはずだ。女性が子育てを行いながら定時勤務を務めるのは至難の業であり、たとえ夫婦が協力して育児分担を行ったり、時間制限のない託児所、保育園が充実したとしても問題解消にはならないだろう。デンマークでは農業のような家族経営、大所帯で互いに支え合う家族がなせる仕事が農業であるのは日本でも同じ構造だった。ただ、日本では急激な都市化が進み、地方都市でも農業専業の経営が厳しくなり、兼業農家が増えるに従い、農業はあたかもサイドビジネス扱いとなり、その結果は膨大な量の耕作放棄地が増えてしまったのが現代の食料構図なのだ。

農業の再評価と回帰によって日本の諸問題が解消できるかもしれないし、自給率問題や食料の安全保障も確保できる状況に転換することも可能になる。

農業⇕酪農⇕食品工業　という構造が課題解決となるであろう。次の図は、ＮＰＯ法人「日本で最も美しい村連合」が提唱している新しい農業の姿、「スマート・テロワール」の産業構造イメージである。

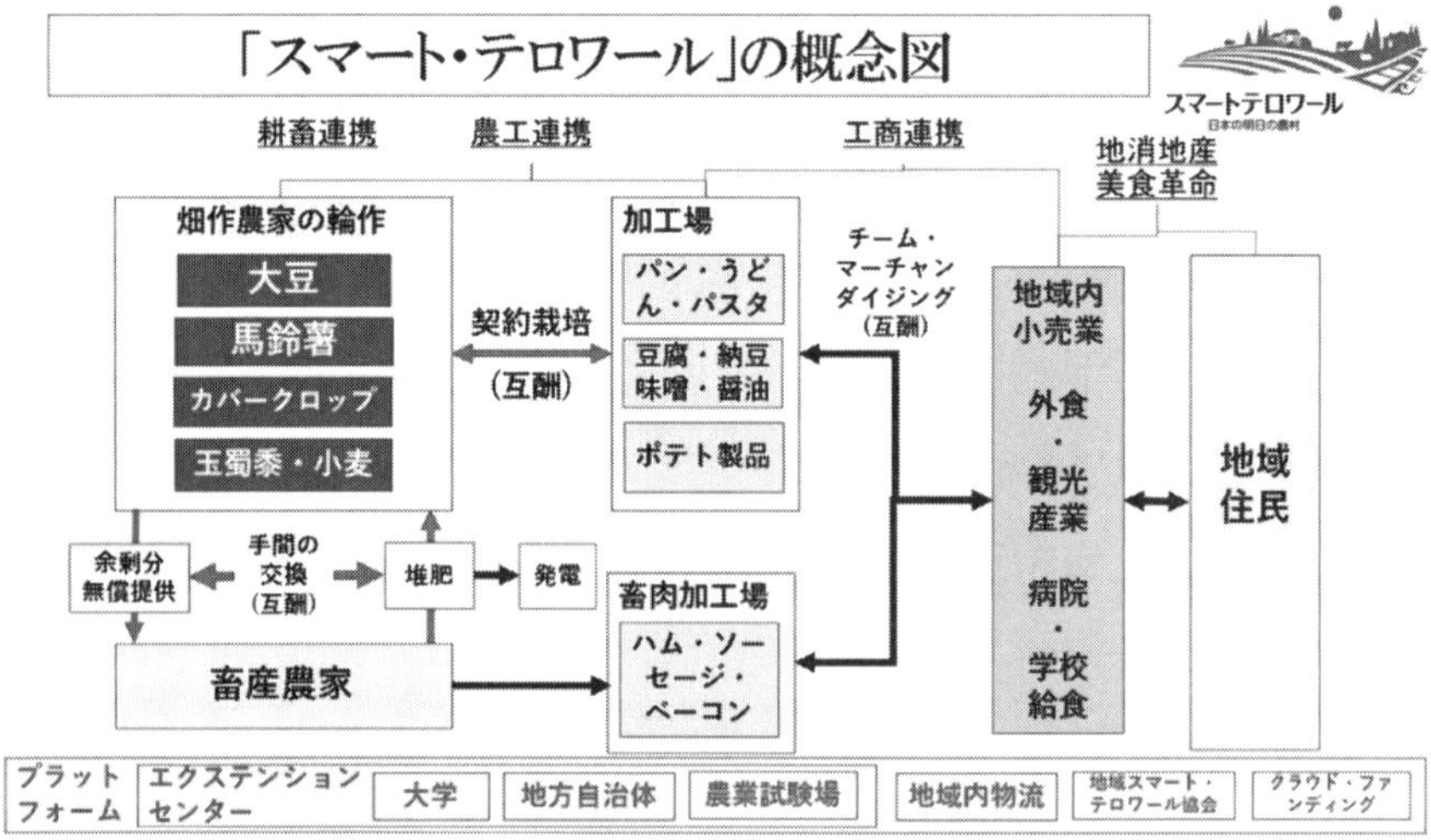

図53：スマート・テロワール

第4節　新業態としての物流・ロジスティクス

アフターコロナの世界では、医療と食料が最重要な産業となる。当面の混乱期ではグローバル・サプライチェーンは再編成に向かい、国内回帰、自国主義、ナショナリズムがあらゆる産業のテーマとなるに違いない。もちろん、世界は協調しなくてはならず、貿易の優位性は重視されるはずだが、世界中に広まった感染症への恐怖は、インフォデミックとも呼ばれて情報過剰な結果、人に理性的な判断を失うきっかけにもなっている。

共存よりも自国重視の風潮は避けて通るわけにはいかず、各国は自衛を含めて国内回帰へと向かうであろう。世界貿易は流通量としては減少せざるを得ず、各国の主力産業はその地位を維持することが難しくなるだろう。

果たして**物流は生き残れるか**、という不安には社会からの支持に務めることでその存在価値を保ち、さらに高めることができる。緊急時にはエッセンシャルワークとしての医療機材、食料の担い手として機能しており、産業転換期においては荷物貨物の変容に対応することが求められる。業界としては何より安定確保、供給責任を維持するために、より積極的な設備投資による自動化、システム化、コストダウンではなく安定稼働のための省力化が進められるべきであり、その価値観の変化が物流・ロジスティクスの一層の高度化をもたらすに違いない。

自動ロボット、ＡＩ活用によるオペレーション、自動操縦、ドローン輸送など、従来の研究技術開発の成果が一気に花咲くことが今求められている。

物流と生産工場、物流と流通店舗や配送拠点の一体化など、産業工程のすべてを代替する機能を物流・ロジスティクスに組み込むことで産業界全体、特殊業界全体の高度化と効率化に資することになるだろう。その現実の姿は、Amazonに見ることができる。オンライン書店からスタートしてわずか25年間で世界を席巻するほどまでに急成長を遂げた。その原点は4つの基本原則であり、世界一のスーパー・デパートとなるべくためには、絶大な顧客支持を獲得し続けてきた結果であろう。

Amazonを維持している4原則とは、

1　競合よりも顧客に執着せよ（低価格、高サービスに徹する）

2　発明への情熱（ワンクリックなど多くのサービス特許を開発した）

3　優れた運営を行う（FBAなどのように、有料サービスを開発した）

4　長期視点で投資を行う（物流センター投資による赤字を続けている）

これらの結果、紛れもない世界企業となったAmazonは、消費者への物販だけでなく、パートナーへのサービス、金融、代行業務、金融機関も信頼を寄せるクラウドシステム開発などの事業多角化を進めてきている。特徴は全世界に広がった物流拠点であり、物流企業ともいえる。日本においても倉庫業免許を取得し、業務委託ではあるが自営運送事業者を手配するなど、他社製品を預かり、販売して、配送するしくみを完全に保有している。しかも、サイトを通じて受発注処理を行い、パートナーには在庫を担保とした金融サービスも開始している。消費者にもアマゾンペイという決済手段を通じて金融機能を充実させている。

まさに物流を基軸として、商流、金流、情報流というビジネス要素をフルラインで整えている実態がみえる。物流の将来性、発展性、拡張性と未来の姿はAmazonが体現しているともいえるのだ。

人手不足による運べない物流危機、ようやく若い人々が関心を持ち始めたロボティクス物流センター、3Kと言われた暗い、きつい、危険な職場からの離脱が始まったばかりの日本の物流・ロジスティクス業界もAmazonを目指して業態転換とイノベーションを繰り広げるチャンスが訪れているといえる。

第13章

追記　物流と顧客満足

ビジネスロジスティクスの最も重要な視点は、物流・ロジスティクスが顧客消費者との最終接点をになっているという事実だ。モノ・情報・カネの流れは顧客消費者に向かって流れてゆくが、その瞬間に物流・ロジスティクスの事業者やメンバーが確実に存在している。トラックドライバーであったり、宅配事業者、郵便配達人や巨大なオフィスビルでのメールボーイなどが該当するだろう。だからこそ、WE ARE THE BACKという矜持が必要であり、顧客の満足や印象は彼らが作り出した幻影ともいえるのだ。

「経営とは顧客の創造である」という名言を遺したのはドラッガーであるが、満足の経験がない顧客は離脱してゆくだろう。顧客満足の追求こそが顧客の創造を支える唯一の手段であり、方策ということになるのだが、肝心の顧客が感じる価値観、満足感に関する知見はあまり広まっていない。物流・ロジスティクスの最前線においても、接遇や荷物の取り扱いなどの視点は持つものの、どのような方策が顧客の満足感を高め、または低めてしまうかの知見は少ないと感じている。もちろん、物流事故やミス、商品の汚破損は直接的な不満につながるので、防止策に徹する必要はある。しかし、どうすれば満足感を高めることができるのか、についての研究は十分とは言えない実態が残される。

その理由や原因は自明であり、次の3点に集約できるだろう。

顧客価値、顧客満足を建前だけでほとんど重視しない深い理由

1　財務会計上や決算報告では顧客満足に関する指標の報告義務がない

2　顧客満足をマネジメントする能力や技術がない

3　伝統的組織は、顧客満足以上に売上、利益などの比較重点課題を抱えている

どのような規模の企業、経営者にとっても顧客満足（CS）を高めるためのKPI設定が順当に行われているとは言い難く、失敗や事故が顧客不満をもたらすからという意味での事故率、品質指標をKPIに定めていることが多いのではないだろうか。

このKPIは顧客満足ではなく、顧客にとっての当たり前情況を示すものであり、満足度指標というより非満足度指標といえるのではないだろうか。事故ミスは顧客不満をダイレクトに引き起こすものであり、このKPIをマネジメントすることが逆説的にも顧客満足を向上させる指標にはなりえないだろう。

そこで、次のような観測方法があることを紹介しておきたい。

NPS（Net Promoter Score）とは、顧客ロイヤルティ、顧客の継続的利用意向を計測する手法である。

第1節　満足感と継続的な利用意向

NPSを測るには、「あなたはこの企業（製品／サービス／ブランド）を友人や同僚に薦める可能性は、どのくらいありますか?」という質問を行い、0～10の11段階で評価を記入させる。このように非常にシンプルな聞き方でスコアを把握するのである。回答に応じて、「推奨者」「中立者」「批判者」の3つのタイプに顧客を分類する。推奨者は再購入比率が群を抜いて高く、紹介客の多くがこのタイプの顧客からの紹介になっているはずだ。逆に批判者は否定的なクチコミにより、新規顧客の購入意欲に水を差し、従業員の意欲をそぐ存在にもなり得る。中立者は特に薦めることもなければ悪口を言うこともない。しかし何かのきっかけで競合に移りやすい人たちであり、流動的な立場にあるといえる。

NPSスコアの計算方法は非常にシンプルで、9～10点を付けた顧客を「推奨者」、7～8点を「中立者」、0～6点を「批判者」と分類し、回答者全体に占める推奨者の割合（%）から、批判者の割合（%）を引いて出てきた数値をNPSの値とする。

グラフ化によって対象の顧客が感じている満足感覚がわかるようになり、満足度を高めるための施策や打ち手を探ることができるようになる。継続的な測定によって、提供しているサービスの満足度を高めることができることで、事業の強化や成長を期待できる。顧客満足度は極めて曖昧な指標であるが、支持がなければ売上も上がらずに低迷する。満足の情況をNPSのような指標で追跡管理することで、継続的な顧客満足の推移を管理することができるようになり、関連する業務プロセスや業務改善、従事する担当者のレベルアップなどへの応用波及も期待できる管理方法である。

NPSは顧客ロイヤルティを上げ、売上向上につながるパワフルな指標だが、一度調査

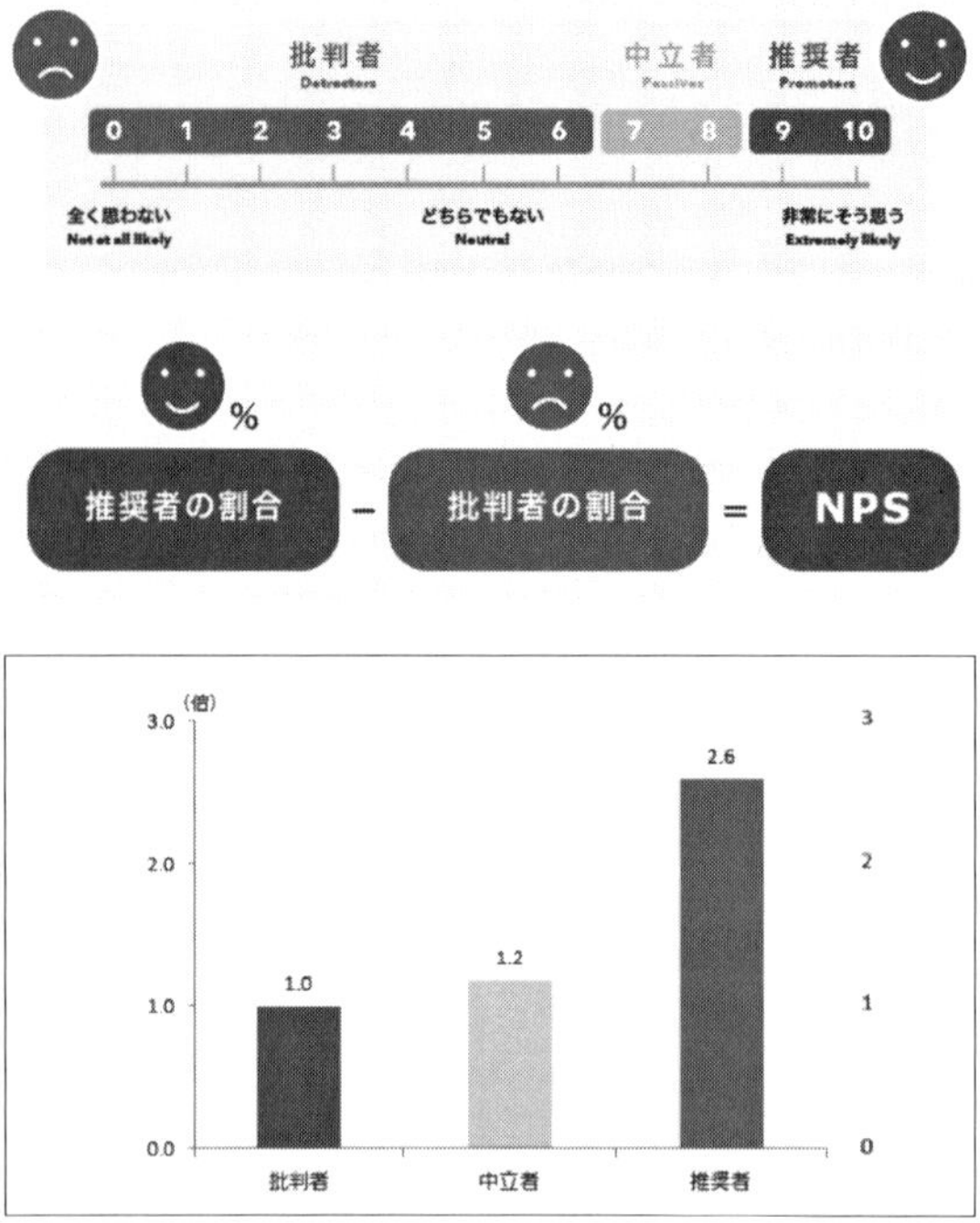

図54：NPS計算法

しスコアを得るだけでは現状把握にとどまってしまう。NPSの向上に向け、推奨者になってくれている要因を把握しさらに強化する必要がある。批判者が出ている原因を把握し、なくなるように改善活動を行うことも大切であり、それを通じて業務改善が進化するだろう。「クローズドループ」といわれるこの活動を繰り返し行っていくことが事業の成長につながるはずだ。

効率的にこのクローズドループを回すために、NPSに特化したツールやシステム、アンケートサービス等を活用する企業も増えてきているので参考にしてほしい。

物流・ロジスティクス活動はマーケットにおける顧客接点の役割をになっているのだという認識は、物流・ロジスティクス事業の拡張性とそのマーケティングチャンスの獲得にもつながっている。Amazonがこれほどまでに事業を広げ、かつ成長を続けられているのは、このような顧客感覚の指標を持っているに違いないと考えるに至った。

第2節　効率化の行方

物流・ロジスティクスは、今までは製造販売などの企業マーケティングを支える影の黒子役であった。しかし、21世紀を迎えるに当たり様々な自然界の変化が地球環境の影響によるものだと判明するに従い、地球資源の扱い方、環境汚染の予防・抑止、地球そのものの保護や人類の行く末を考慮せざるを得ない時代を迎えて、工業化社会の反省からSDGsという概念が誕生している。

工業化は地球資源の形を人に合わせて変えた表現であり、資本主義は希少資源の奪い合いという競争であった。競争の行く末はいつか疲弊と消滅をもたらすだろうし、世界は一部の幸福を追求するために多くの不幸の発生を防ぐことは避けられない事態であることに気づき始めている。コロナ禍というパンデミックも都市化や人口の集中という、工業化社会の影響があっての被害拡大であり、今後の反省はあらゆる場面で人の行動を密から疎に向かわざるを得なくなるだろう。その意味では、人の代わりに物が動く物流・ロジスティクスの時代が再評価されたともいえる。

資本主義や企業経営にとっての効率化という価値観は、時間の追求と資源の集中と密をもたらしたことは明らかであり、巡り巡って地球の存亡までたどり着くのも時間の問題となるように感じられる。

このような流れの中で、時代は効率よりも持続性、効果より幸福や継続という時間感覚の違いが、価値観の時代変遷と似た形で起き始めている。分野はまったく異なるが、地球誕生から43億年の歴史の中で、人類が地球資源を消費し始めたことをして、**人新世の時代**という概念があるそうである。ＳＤＧｓと類似した不安、地球はいつまでも存続できるのか、という超長期の視点で考え始めた学者たちが登場しているということらしい。

効率化は重要な管理指標であり、エネルギーの有効活用であり同時に企業収益を支える最重視しなければならない価値観であることは否めない。しかし、効率化の追求が過当競争へと連鎖を引き起こして、低価格競争や値下げ協調、圧力の理由付けなどに転用されることは悲劇でもある。

適正な競争、人と資本の絶妙なバランスの維持、社会的な福祉や幸福を前提とした企業利潤の獲得を容認する価値観など、コロナ禍を通じて明らかになった時代の歪みや今までの取組みへの反省がたくさんあるだろう。

問題を定義すれば、原因と対策は打ち出せる。必要な課題を乗り越えながら、時間を味方に改善を積み上げることで業績は必ず回復する。

あるＩＥ講師が述べた名言であり、ドラッカーのマネジメント思想を受け継いだ物でもある。

適切な効率化、社会が許容する公正な競争と獲得。物流・ロジスティクスが果たす役割は多様であり、効果的であると信じている。

付　録

３ＰＬ物流サービスの契約モデル

ビジネス・ロジスティクスは経営に直結する活動であることを理解できるようになると、単なるコストダウン活動ではないこと、さらには収益獲得のマーケティングにおいて最終段階の顧客密接の重要な経営品質と満足影響を左右し、かつ最終最後の砦であることに気づくであろう。

このことは経営の根幹にも直結しており、さらには外部からの評価項目である財務会計にも影響をもたらしていることに気づかねばならない。

支払い物流関連費用は膨大なキャッシュアウトであり、その他の経費とは比較できないほどの高額である。本来であれば常に比較購買の原則に従い、特定期間ごとにコスト効果を検証されなければならない。請求項目の詳細な点検と同時に検証が必要である。ところが突き合わせや請求点検の手が回っていない実態がある。

キャッシュアウトと同時に商品棚卸し資産というこちらも膨大なアセット管理を物流・ロジスティクス事業者に委ねていることになる。業務委託の関係であれば、日々のキャッシュアウトも期間のアセット情況もコンピュータデータや業務報告のレベルでしか点検・検証できない実態がある。もちろん業務委託パートナーの信頼性は十分に担保できたとしても、日々の外部環境の変化や経営状況に応じた多様な対応を保証できるのは、詳細に渡る業務委託契約の条文に依拠せざるを得ない。巨額な資産とキャッシュアウトの信頼性と保証を担保するための業務委託契約は、今まではさほど重要視されることはなかった。その証拠に、実態調査を行うと各社の保有している契約書の文書量には雲泥の差があり、わずか一枚の見積書まがいのものから、外国語に翻訳され、海外保険会社の保証を取り付けているワールドワイドの公文書と思われるものまで存在する。財務諸表の作成に直結する物流コストや棚卸し資産管理の重要性を再確認するため、物流業務委託契約モデルの解説を行う。

いわゆるビジネスの契約書類は、見積り提案、承認発注、納品、検収、精算請求という一連の流れを支える文書である。物販やサービス提供の場合には、対面決済であったり定型的なやりとりで完結するため、契約書を重視することは少なかった。さらに、代理店、業務委託などのサービス活動については、専門の日本法令社などにより書式の販売が行われているために、当事者同士が何度も協議を重ね、文書を整えて、表現を練りながら契約書を整える必要もなかった。

ところが、物流サービスの場合には、物販や定型的な役務提供とは異なり、取り扱う商品や製品の仕様変更やサイズ、重量、価格なども時間とともに変わり、同時に提供する物流サービスの仕様も一定であることは稀である。そのため、サービスそのものの仕様変更やモノの扱い方、扱われ方についての委託側、受託側との協議事項が毎年増加し、場合によっては契約条件そのものの全面的な見直しが必要になる場合がある。

一般的に物流サービスは、従来は物流単機能としての商品保管、商品配送という許認可に基づく事業提供のために、監督官庁の国土交通省によって標準約款が提供されてきた。しかし、その保管事業に関わる倉庫約款は昭和34年制定、運送サービスの運送約款は最近微細な改定があるものの、契約理念は倉庫業と同時期に制定されたものである。決してそのままで現代に通用するとは考えられないし、様々な齟齬が生じている実態がある。

そのためようやく平成14年度から物流業務委託の契約に関する実態調査活動が始まり、3PL契約書ガイドラインが公表されたのは平成18年のことである。

第1節

国交省3PL契約ガイドライン

国交省が公開している総合物流サービスの契約ガイドライン（正式名称：「3PL事業促進のために策定したガイドライン等」平成18年）についてのアンケート調査では、事業者の67・4％から評価を受けている。そのガイドラインの内容は、次の通りである。

1. 目的（業務の範囲）
2. 業務の細目（業務の運営方法）
3. 秘密保持（業務上知り得た両者の情報の第三者への開示非開示）
4. 事故報告（事故発生時の措置等）
5. 損害賠償（事故発生時の損害賠償の責）
6. 損害保険（保険の付保）
7. 料金および支払い方法（業務委託料の発生、請求、支払等）
8. 契約期間（契約期間および自動更新）
9. 解約（解約の事前予告）
10. 解除（有事の一方的解除要求）
11. 再委託（物流事業者の再委託事項）
12. 法律の遵守（関連する法律の遵守）

13. 価格情報の取り扱い

1. 荷主の協力
2. 改善効果の評価項目および管理指標
3. 利益配分

これらの条項、項目を踏まえても、現在においてさらに詳細に渡る項目が欠落・不足していることに注目し、実態に即した契約項目に改めるべきと考える。現行の契約書や規定条文そのものは、すでに各社が保有しているであろうことを前提に、付記すべき項目事案、検討を追加すべき項目について整理を行う。これにより委託側、受託側で整備している、現行の契約書を定期的に見直しする際の参考になるようにしている。

物流・ロジスティクス業務活動を委託契約とする場合は、次のような大項目での検討から始めるであろう。

1. どの場所でどのような施設で行うか
2. どのような人材と作業体制で行うか
3. どのようなサービス項目を行うか
4. 精度、コスト、速度の測定のために何を記録すべきか
5. 在庫、売上、経費などの会計情報と直結するしくみはどうあるべきか

6. 使用する情報システムツールはどのようなものか

7. 具体的な委託業務には何が含まれるか

8. 契約料金とその成果をどのように評価できるか

このような物流アウトソーシングの企画を立案する場合には、ビジネス契約をベースとした企画書が必要になるだろう。上記8項目のそれぞれを明確化して、予算と期間、企画レベルでの実務者を割り当てて検討作業を進めるべきプロジェクトとなるものである。しかしながら、物流アウトソーシングをまったく白紙の状態から進めることは極めて例外的であるので、既存の契約実態とモデル契約の思想や仔細をあわせて検討できるように解説を進める。

第2節

物流委託契約モデルの項目

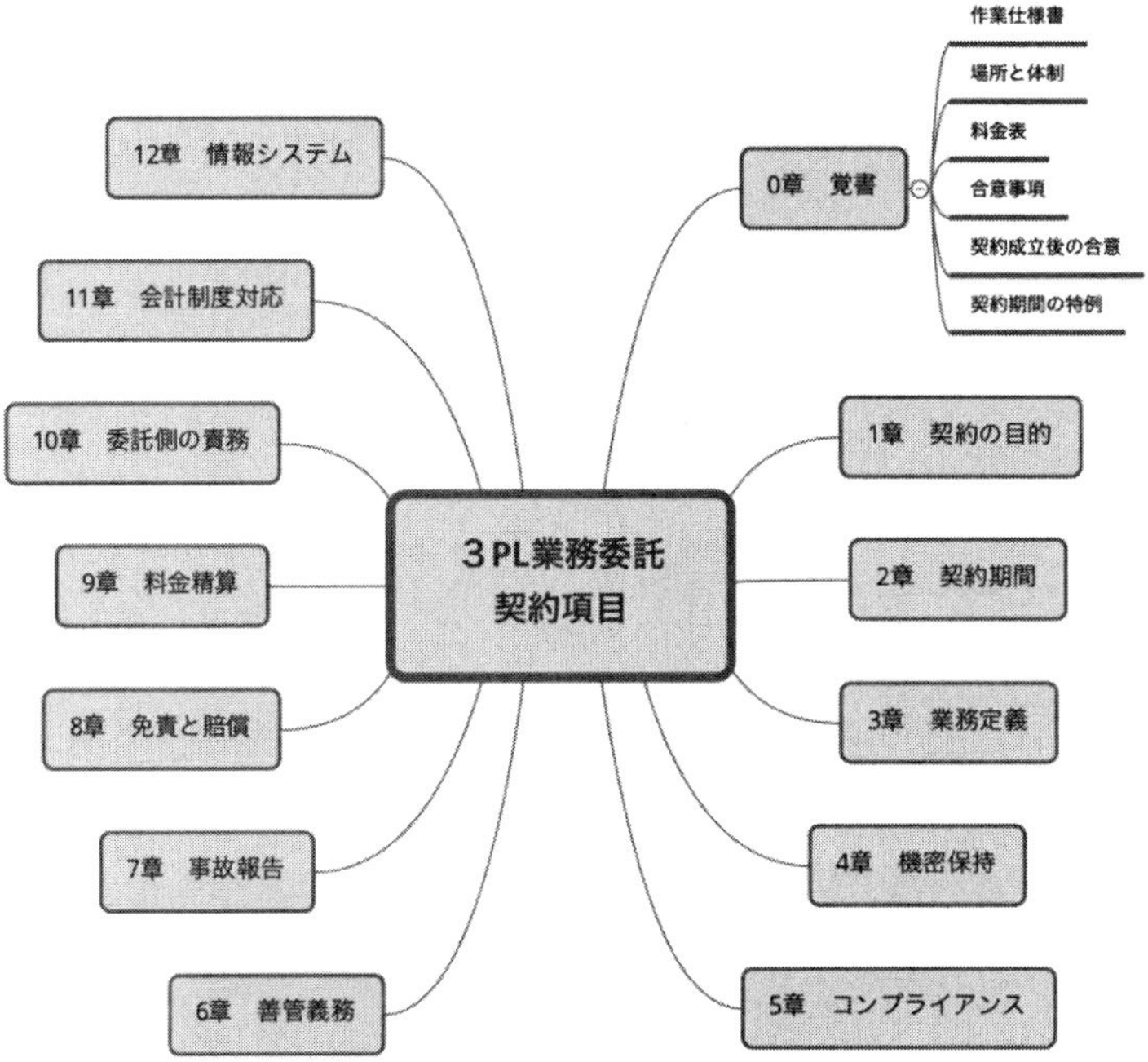

図55：物流委託契約の項目

覚書

契約本文の抄訳的文案として、覚書というものがある。いわゆる実務的な要素はすべてここに集約されるものである。覚書は実務運営上のルールや手続き、料金項目や使用機材の詳細が書かれるものであり、比較的自由度の高い文書である。契約書はその目的を、法律的な権利義務関係とその対価、また契約不履行による救済方法としての賠償規定など、自己保全などの法的側面が強い。そのため契約書の条文作成や内容チェックはリーガル法務部門やビジネス弁護士が負うことが多い。もちろん覚書を利用せずに明細条文で済ますことも可能である。覚書を採用する際の項目体系は次のようになるだろう。

(1)標準作業仕様説明

物流サービスを提供するために、どのような作業や手順、使用機材やシステムの操作方法までも含めた「業務の仕様」「処理の要件」「作業手順」というものを明示する必要がある。箇条書きや言葉だけの説明では、相互に通じたようであっても誤解や漏れが生じやすいので、作業マニュアルや品質管理手順、業務フローチャートを整備する必要がある。

箇条書きだけの手順書は絶対に避けなければならない。通常の契約書に見られるような、「物流業務および附帯事業」では、付帯事項に含まれる内容が多岐にわたり、当初契約の当事者だけしか理解できないことになってしまい、担当者の離職や異動、交代によって食い違いが生じてしまうためである。

例　業務仕様説明のためのフローチャート

A) 流通環境図

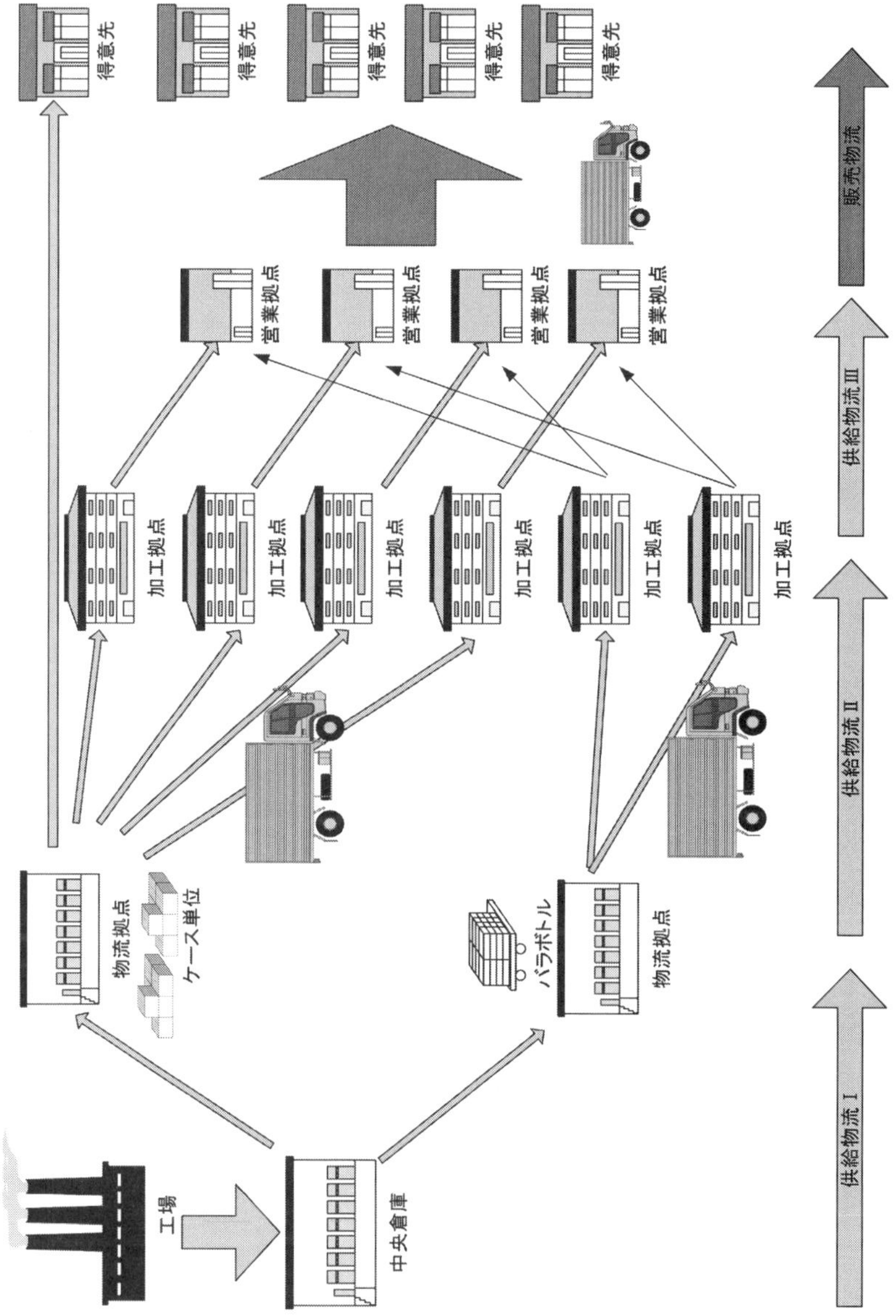

図56：流通環境図

B）作業フロー

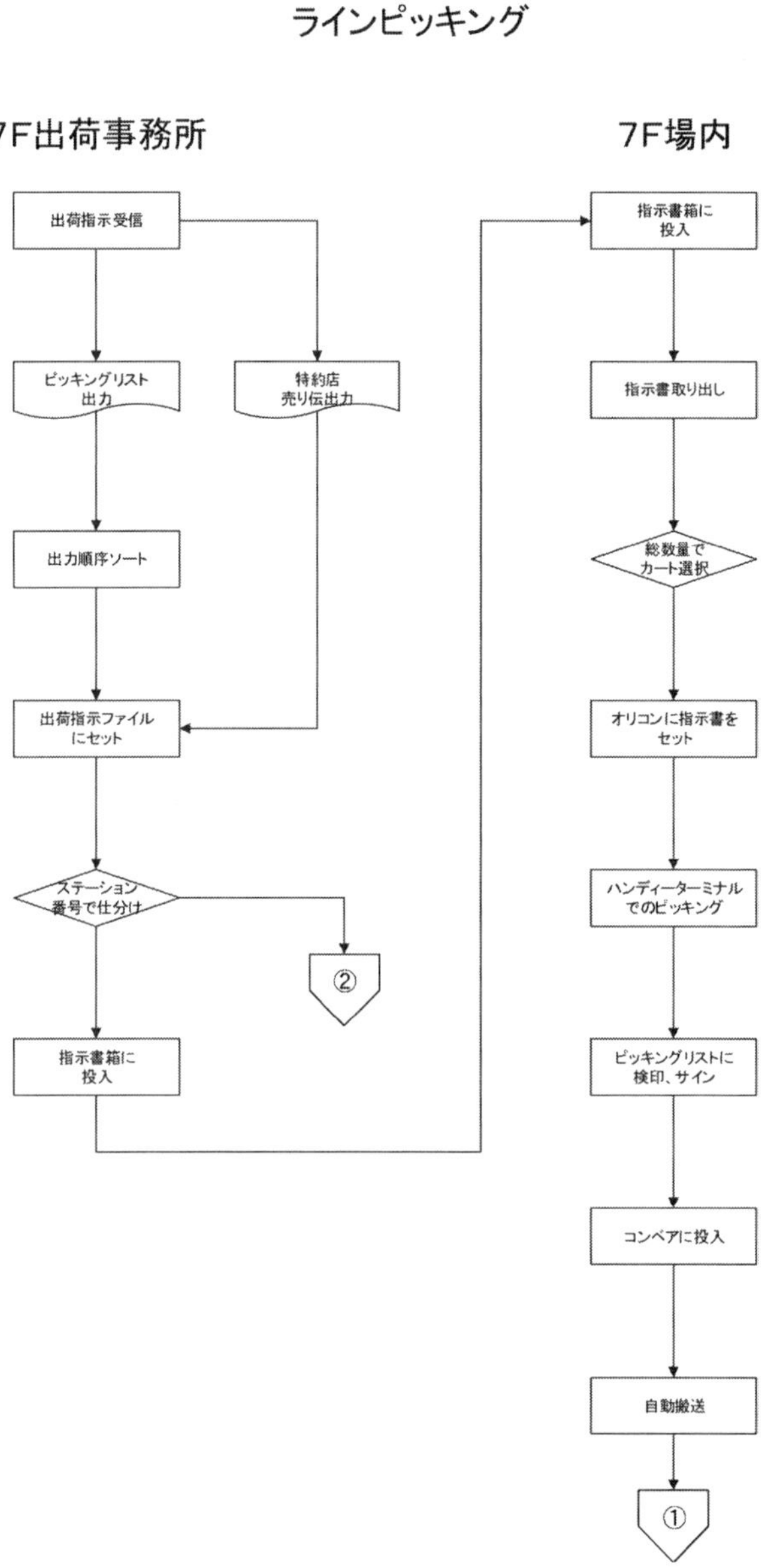

図57：業務フローチャート

フローチャートは図解であり、手順を示しているが、それぞれの作業の説明が不足しがちである。仕様書としては、さらに実例写真を元にして仕上がりの正規、不良、異常などの状態を指示する必要がある。

(2)各種作業の料金表、使用機材の費用負担割合

３ＰＬ物流委託では営業販売サービスの納品代行を行うことになるため、物流業務や流通加工と呼ばれる販売サポートにおいて、多くの料金項目が必要になる。日用雑貨商品やファッションアパレルでは、ギフトカード作成、商品の撮影、商品タグ作成、商品のセット組み、セット解体、包装やのし掛けなど、多くの流通加工作業が必要であり、それぞれ協議の結果としての作業明細を定める必要がある。

また、作業に必要な事務用品、ツール機材やソフトウェア、消耗品や包装用品などの消耗品資材の消費単価も料金表には欠かせない。特に案件によって設備投資が必要となるような大型機材、システム機材の購入では費用負担先を明確化しておくことが重要である。さらには、減価償却が必要な機材について、法定償却期限を待たずに業務委託契約の解除となる場合の費用の清算方法も必要になるだろう。

個別単価料金の算定にあたっては、通常考えられる方法として、作業者一人当たりの人工制料金と単価によって定める単価料金、伝票処理やシステム操作に関わる事務費用などが考えられる。特に、一日当たりの出荷指示件数が1，000件を超えるようになると、ＩＴ機材の操作担当者の常駐が必要になることが多く、システム利用料（操作担当員人工費用とソフト利用料）を設定することがある。

例　料金表見本

料金表

No.	項目	摘要	金額
	1		
1	坪単価	1坪に付	￥3,500
2	パレット単価	1パレットに付	￥600
	【物流委託料金】		
3	入荷作業料	1箱に付	￥10
4	入荷作業料	1点に付	￥10
5	通常出荷作業料	1点に付	￥35
6	特別出荷作業料	1点に付	￥20
7	返品作業料	1点に付	￥20
	【付帯作業料金】		
8	ＰＯＰ交換作業料	1点に付	￥13
9	羽ショールカット作業料	1点に付	￥10
10	フックピン取付作業料	1点に付	￥10
11	ラベル貼り作業料	1点に付	￥5
12	ハンガー掛け作業料	1点に付	￥30
13	タグ作成作業料	1点に付	￥8
14	タグ取付作業料	1点に付	￥16
15	パッキング作業料	1点に付	￥55
16	テープ補強作業料	1点に付	￥6
17	Ａ検査作業料	1点に付	￥80
18	Ｂ検査作業料	1点に付	￥60
19	Ｃ検査作業料	1点に付	￥40
20	Ｄ検査作業料	1点に付	￥20
21	デバンニング作業料	1フィートに付	￥500
22	棚卸　（御社指示の場合）	実費	
	【受注委託料金】		
23	受注作業料	1時間に付	￥1,600
24	管理手数料	月	￥200,000
	【梱包資材費】		
25	ダンボール・その他	支給又は実費	
	消費税については、別途申し受けさせていただきます。		

図58：物流作業の詳細な料金表

料金制定条件として、運用する場所や規模、実務者の体制、要員数などの前提条件を定めておく。事業環境の変化により、作業能力などの制約をともなうから、状況と料金は変化するものであるので合意事項として計上しておく。

(3)合意事項の確認

契約条件に記載されない相互の合意、業務開始後の定期協議によって発生した事後合意などの記録を補足していく必要がある。通常は契約時期に覚書は付属文書の位置付けとなるが、事業が進むにつれて明らかになる新たな決め事や追加要件もその都度覚書に追記しておくことが望ましい。協議決定合意を議事録やメモとするだけでは、後日忘失の恐れがあるためである。

当初の合意事項としては、事業開始における設備投資費用の負担先、料金の設定方法などにわたることが重要となる。特に契約に付属する事項として、途中解約を認める場合には清算方法、中途解約金の額などがある。保管倉庫や事務作業執務室を不動産賃貸借契約で行う場合には、契約開始にともなう工事費用の負担明細、中途解約にともなう原状回復費用などがある。その他、業務遂行に必要な機材の貸借関係、備品の貸与記録など、合意した事項と物品や工事、費用の負担などについて、詳細に定めておく。

(4)契約成立後の合意

業務遂行後になって明らかになる追加のルールや機材装備の購入や費用負担など、覚書が追加となることを前もって定めておく。特に事業開始直後の半期では、多くの判明事例が生じることが多いので、定期的に契約書、覚書を見直し、必要がある都度に改定してゆくことを定めておく必要がある。

(5)契約期間の特例

通常の業務委託契約は連続しているものであるが、生産、販売、顧客管理という流通の事業では、期間限定や特定期間だけの特別業務（いわゆる季節業務）があるので、その場合には基本契約を連続したもの、特定業務に関しては個別契約とせずに覚書で季節業務などを規定することがある。

以降は基本的な契約条文のそれぞれについて、標準モデルとして解説する。

第1条　契約の目的

3PL物流サービスの契約では、業務の委託と受託を目的とした契約を締結することになるので、契約の目的は業務範囲を定めた委託、受託の各社名を規定する。

第2条　契約期間

ビジネス契約の期間は通常1～2年として自動更新を契約本文に記載することが多い。3PL物流サービスも同様で良いが、物流企業側が特別な設備投資やシステム経費を負担する場合、個別料金で反映させるほか、法定減価償却期間を満たさない契約では受託側に

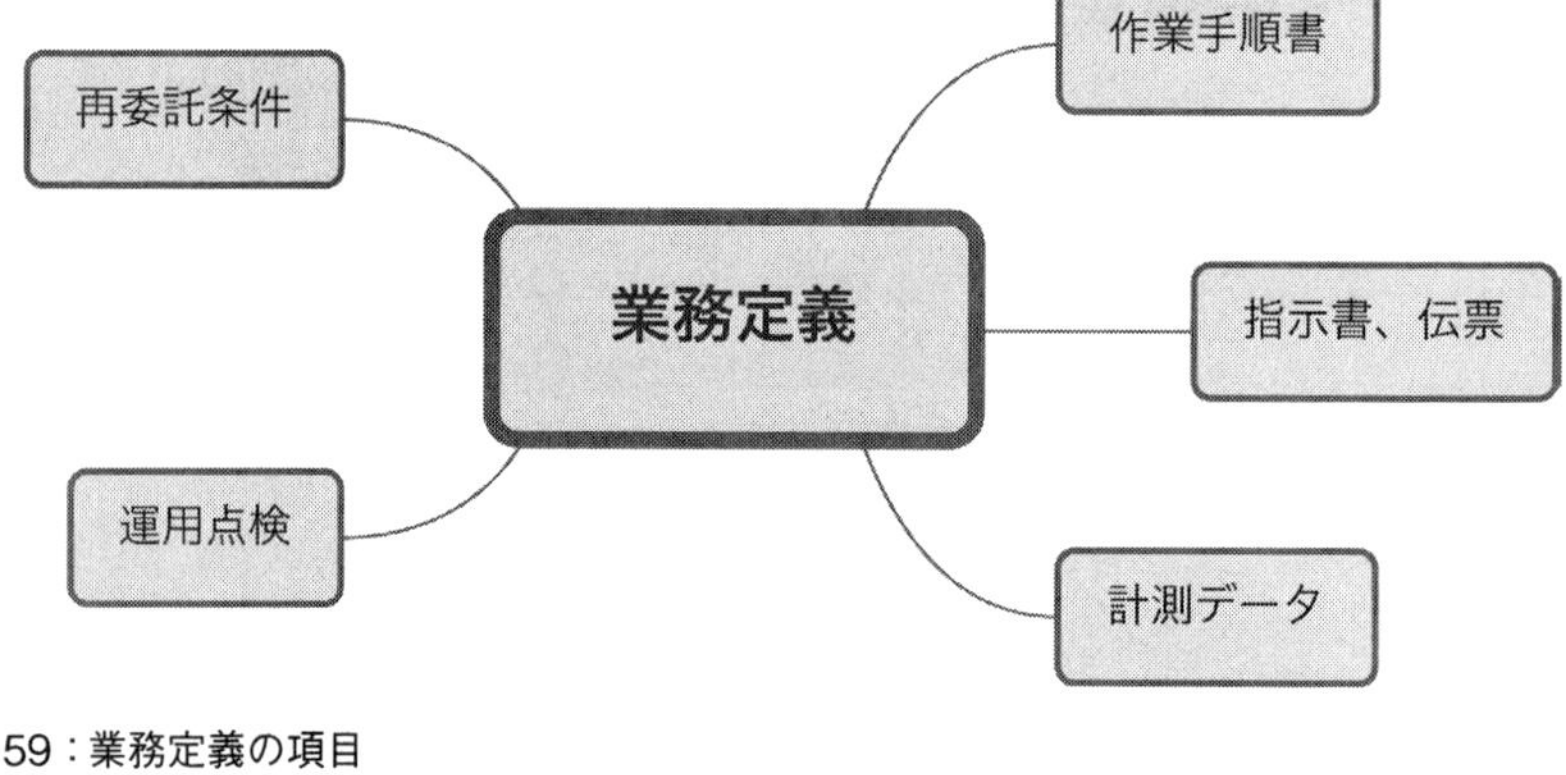

図59：業務定義の項目

負債不安が残る。その際には契約期間とは別に中途解約、契約解除の特例として、減価償却が未了となった際の残存価格についての協議事項を定めておく。また、不動産賃貸借契約が同時期に締結されている場合には、使用開始にともなう工事費用の負担、解約時の原状回復責任範囲、条件など契約期間とずれが起きないように整備しておく必要がある。

第3条　業務定義

委託業務の詳細は双方の協議や覚書で定めるような詳細仕様が欠かせないので、契約本紙でそのことを規定していく。必要最低限度の業務定義表現では、指示伝票の書式名称や物流業務が適切に行われているかどうかの報告点検方法、自主的かどうかを問わない場内パトロール報告などの規定、業務改善指導の範囲や安全管理についての立ち入り監査や報告方法など、あくまでも双方協議によって規定しておくことが望ましい。詳細事項や説明は、別途覚書で規定する、などの表記に留めることが多い。

物流業務では、業務の繁忙期や波動対策として物流業務の再委託についての条件を記載しておく。

第4条　機密保持

個人情報の管理や運用方法、双方で規定した機密情報の種類や定義を規定しておく。商談や見積提案時に行われる機密保持契約書の規定と重複するようであれば、どちらかの契約を優先する旨の記載を行う。個人情報保護法では情報運用管理者や従事者の規定が定められているので、覚書等にも記載する事が望ましい。

第5条　コンプライアンス（法令遵守）

顧客企業の事業における関連法規、法令は非常に多岐にわたるはずである。物流サービスは保管輸送だけではなく、商品販売、流通業務と一体となっているので、製品商品に関わる法令、販売に関わる法令、配送や輸送に関わる物流関連法令、商品在庫や資産管理、会計管理に関する法令などの改正や改定が行われるたびに相互の点検が欠かせない。本来の物流サービスでは、商品保管業務と輸配送業務は国交省の許認可事業となっており、指定許可番号が必要である。いわば免許証が必要なのであるが、物流倉庫がその多くを賃貸物件として活用する、物流不動産として認知されるようになったため倉庫事業者登録を行わずに、物流サービスを提供する事業が増えてきている。倉庫事業は倉庫として利用する施設、建物、建築物や水上、地面などを指定して許認可を受けるものである。単なる屋根のある空間や不動産物件としての倉庫では、保管事業は不動産契約者の責任においてなすものであり、

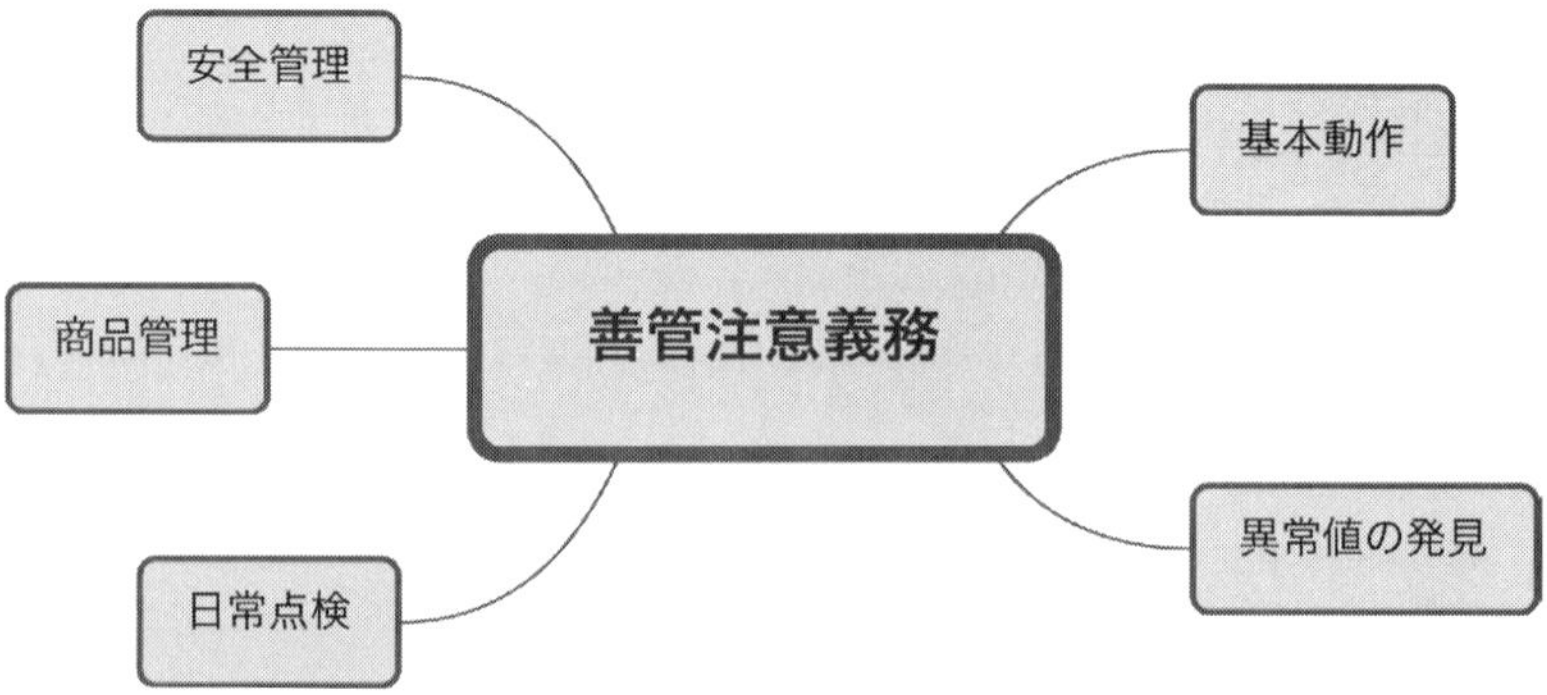

図60：善意の管理者責任範囲

賃貸契約費用以外の保管費という名目での事業は完全な違法行為に該当するので注意が必要だ。また物流サービス活動そのものも、実施される地域の関係事業法令だけでなく環境配慮（騒音、大気汚染、廃棄物、使用水源など）の制約を受けている。その意味では、コンプライアンス点検を相互責任として明記する必要もある。コンプライアンス点検は定期協議の議題に上げ、常に意識の共有を図っておくことが必要である。

第6条　善意の管理者注意義務

ビジネス契約では業務受託において善意の管理者として当然求められる責務があり、それを規定する必要がある。物流業務では流動的な作業の責任が多く求められ、いつ終了したか、という結果報告が月次の請求書だけで行われる事案が多くある。業務報告が都度なされずに月末、翌月になってようやく過去の活動業務の報告が行われる悪しき習慣が残されている。業務報告と請求行為はまったく別物であると認識しなくてはならない。業務受託の管理者責任として、開始～終了～検収～相互確認を

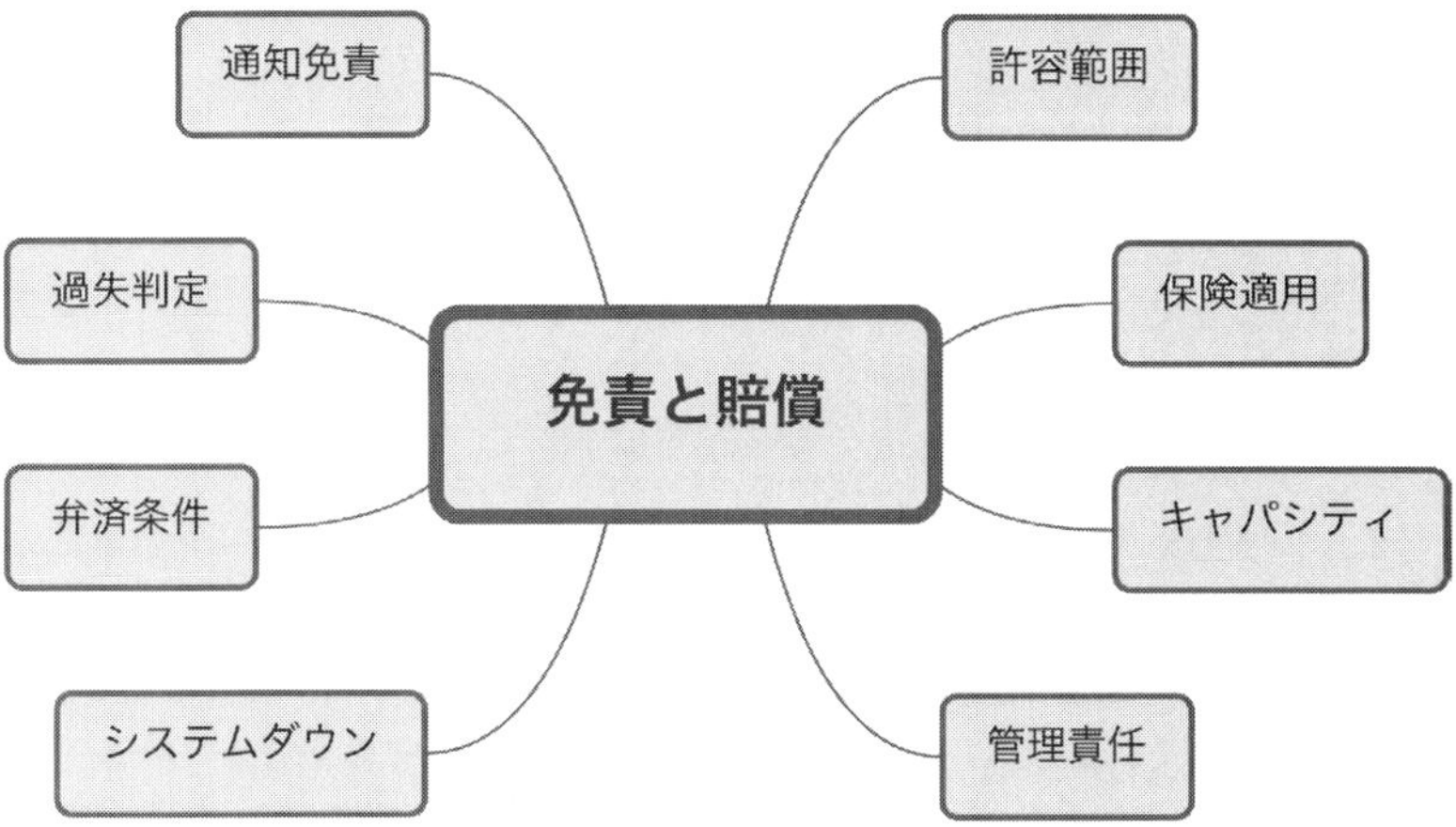

図61：免責と賠償の構造

経てから、業務対価の請求清算が行われるべきであり、管理業務には報告と委託側の検収という項目を規定すべきである。

第7条　事故報告と予防措置

物流作業には人手による判断ミスと作業事故がつきものであるから、その発生時の報告ライン（連絡網）や手段について規定しておく。事故発生時の優先事項と事後報告書の作成を義務付け、同時に再発防止策を積み上げて、予防措置としての改善計画が行われるように規定する。物流事故は再発しがちであるが、形式だけでなく発生の都度、定期協議での議題に挙げて予防ノウハウや事例研究が適切に積み上げられるようにしておくことが必要である。

第8条　免責と賠償

物流活動は人手や輸送手段、保管倉庫などの物理的手段で実務を行うので、能力制約が存在している。時間的なキャパシティや

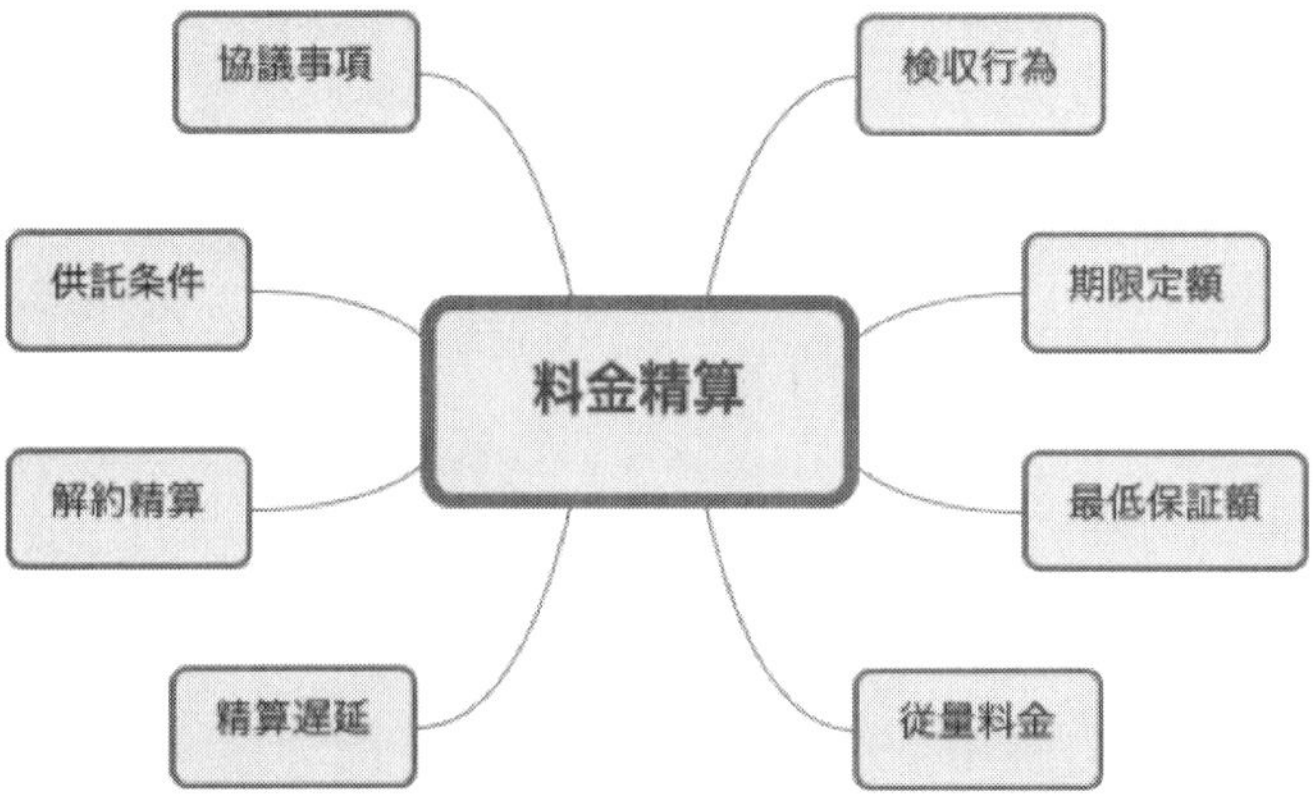

図62：料金の精算方法

能力問題である。いわゆるリスクマネジメントの観点から、業務の委託と受託の責任範囲、リスクの想定を規定する。自然災害などの保険で担保できる場合以外では、受託側の免責範囲を規定しておくことが重要なマネジメント業務である。最高処理能力や要員体制を維持するための、最低業務量保証などが該当する。

賠償責任においても保険額を超えるような営業補償や損害賠償訴訟に陥らないよう、相互協議を事前に行っておく必要がある。（損害保険では、求償権放棄特約付きとするべきである）また、事業場所における物理的な制約が考えられるので、在庫量、入荷量、出荷量のキャパシティや激しい波動への制限なども協議事項である。

第9条　料金精算

物流サービス対価清算の方法を規定する。財務会計監査や株式公開準備では、最も重要視される項目である。請求書の発行だけでは対価実施完了の証明にならないので、請求書発行根拠となる業務検収の規定を設ける必要がある。それは日々の業務報告とそれに対する検収証拠の一連の流れである。システム的なデータ相互通信であっても構わないが、双方が確認し

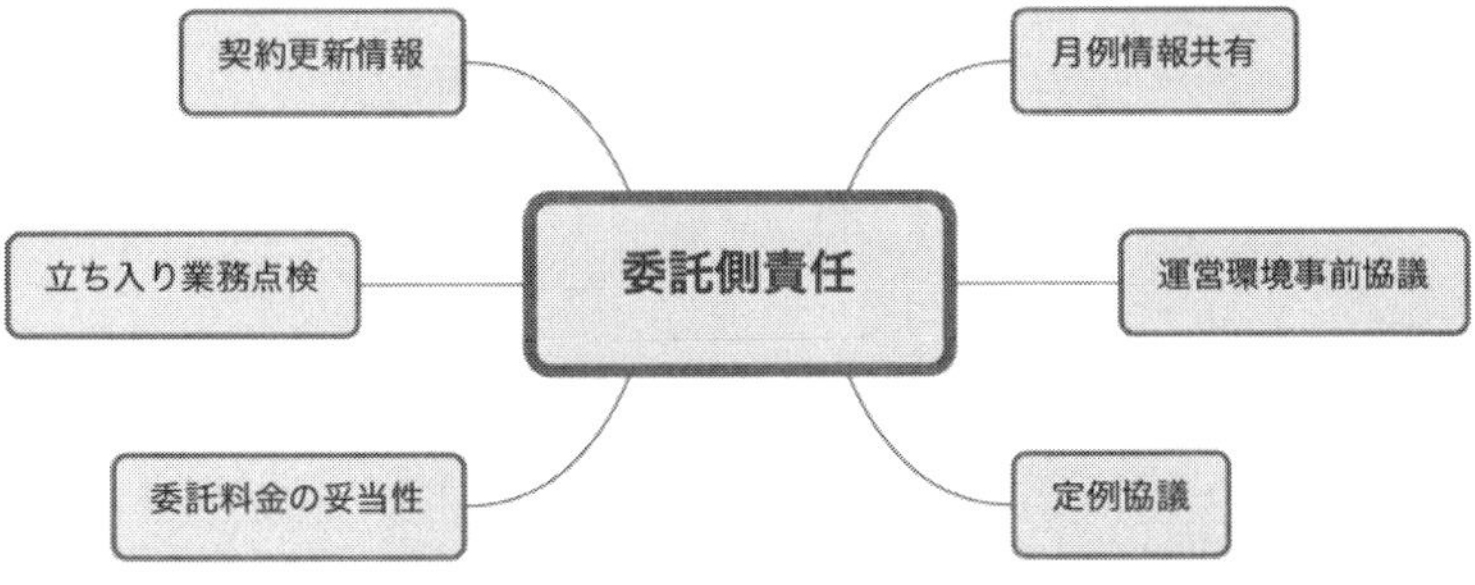

図63：委託側責任

たという証跡を記録することを日々実行する必要がある。物流経費の支払額は高額となるが、従来の商習慣では、請求書の発行と連動した流れ精算という双方未確認による事故や再請求、過不足精算が起きがちであった。特に株式公開を目指すような上場準備段階では、これらの経費処理は重要な監査項目となるので双方での報告、検収、請求精算というプロセスを確立しておく必要がある。

第10条　委託側の責務

契約は双方平等の精神に従った協定である。委託側の責務も問われるべきであって、特に物流という取扱量に波動や急激な変調が想定できる場合には、事前情報の提供、事前作業計画の提出と承認というような、相互の事務連絡、担当者同士のコミュニケーションが何よりも重要となる。そこで、委託側のなすべき作業や提供すべき情報、計画、指示命令の種類を規定しておくことが望ましい。また、定期協議体を定例会議として定めることも必要である。協議すべき議題案も定期的な契約条件、覚書記載項目の見直しや季節波動、行事予定などの物流変動に関わる要素は常時挙げておく必要がある。この点において業務委託と請負契約の違いが明らかになる。請負契約では契約に定めた成果を完全に保証することが契約の目的であり、手段や方法、手続きは請負側の責任範囲に含まれる。いわばどのような方法であっても、結果オーライという契約であり、委託側の関与する余地は少ない。むしろ関与すべきではないと考えられている。

かつての鉄道脱線事故の反省から、国交省では運輸安全一括法という制度が作られており、物流事業の安全運行には事業者側と依頼主側双方の安全認識への深い理解が求められている。万が一の事故の際には、最高経営責任まで及ぶものとされている。ともすればコストや精度、速度を重視して、従事者の安全意識や管理体制に抜け、モレが生じるようなことがあれば、それは依頼側にも過失がなかったのかとの原因追求が及ぶことがある。

第11条　国際会計制度への対応

物流現場では顧客の資産である商品在庫を預かるほか、商品の入荷作業による資産仕入れ計上や出荷処理による売上計上と連動する作業を行っている。ＩＦＲＳ（:International Financial Reporting Standards国際会計基準）会計法令は世界基準の会計原則であり適用は流動的であるが、対応に備えなければならない。日本は独特の会計基準で運用する企業が依然として多いが、株式公開企業は多くがＩＦＲＳ適用を目指している実態がある。特に違いが問題になるのは売上基準となる日付問題である。会計処理の計上日の確定には、倉庫出荷日基準や到着日基準、相手先の検収確認時刻基準などがある。そこで、物流側では商品の動いた日付や正確な時刻の管理が重要となり、棚卸し実績報告でもカウント時刻が厳格に記録、規定される場合がある。このような会計上、税務上の関係から物流現場での責務について規定しておく項目は多岐にわたるので、相互協議が必要である。詳細項目は関与する税理士、監査法人、公認会計士、公開準備証券会社担当部門などにより、見解が分かれるので事前協議が重要視されるので注意が必要である。

第12条　物流情報システム

３ＰＬ物流サービスを実施するには、情報システムとの連携が不可欠である。上位システムである受注管理（営業販売活動、代理店受注、ネットショップ、モール、ＨＰ、ＳＮＳ連携）からの出荷指示を受けるためのＯＭＳ（Order management system）と倉庫内の在庫管理に利用するＷＭＳ（Warehouse management system）、宅配便その他の配送管理や貨物追跡を管理するＴＭＳ（Transportation management system）、そして流通加工や商品管理に必要な様々なシステム機器、ソフトウェアなどの規定を契約書に明記する必要がある。現在では情報セキュリティや個人情報管理の厳格さが求められるからである。同時に株式公開を計画するようなベンチャー企業、株式公開企業やその関係会社では、物流現場で仕入れや売上の確定日付が物流現場で認められる場合が多く、それらは情報システムを利用して確定されるので会計士や業務・会計監査の対象となることがある。そこでは情報システムにおけるリスクコントロールの規定から、様々な要求を受けることがあり、多くは**ＩＴ全般統制**と呼ばれるある種の手続きで行われるので、参考に載せている。このような情報システムのサービスを規定するＳＬＡ（Service level agreement）は、システム会社やクラウドサービス会社によって提供されるので参考にして頂きたい。

※ＩＴ全般統制項目とは

企業の会計報告では上場公開企業およびその関連企業において、財務報告と合わせて業務執行のリスクマネジメント監査が行われる。公認会計士事務所による内部統制監査報告というものであり、売上や経費処理、税務や法務関係で違法行為やリスク対策の妥当性を評価するものである。特に物流現場では利用している情報システムで売上管理や顧客情報の管理を行うこととなるので、情報システムの基盤となる部分についての内部統制の有無やリスクを評価しなくてはならない。それをＩＴ全般統制と呼び、システムの基盤となる部分についての評価項目となっている。それぞれのツールとなるサブシステムについては、**ＩＴ業務処理統制**という評価項目があり、個別ルールや基準、点検方法などの仕様が定められることになるのでここでは割愛する。ＩＴ全般統制とは次のような手順で整備されるものである。

(1)システム種類一覧

業務で利用するシステム機材やソフトウェアなどのハード・ソフトの規定を整理しておく。名称や導入時期、機能や性能などを列挙しておくことが、保守記録や更新時の必要情報になる。購入資産とする場合もあるので、その際には費用負担や減価償却の開始時期が重要となる。

(2)ＩＤパスワード等セキュリティ管理

システムの操作管理や記録の方法を記載する。セキュリティ管理は、業務従事者の名簿と権限の範囲や規定を定める必要がある。利用者の記録や権限の制限のために、IDパスワードを制限することが当然となっており、その更新方法や従事者の異動、退職時の更新、廃棄、再設定などの手順を定めておく。

(3)ネットワーク機器一覧

情報システムは様々な機材と連動することが多く、データの受信～操作～出力～記録～保管のために機材が別れるので、一覧表やネットワーク機器表を作成する。

(4)サーバーメンテナンス

物流作業上の指示はインターネットサーバーを介して行われるため、情報の入り口としてのサーバー（クラウド型、オンプロミス型を問わない）保守が重要な要素である。そのため新規導入から契約終了後のデータ廃棄までのメンテナンス工程について、規定しておく。いわゆる会計前情報がサーバーに残るので、更新～廃棄の手続きは会計監査の対象となる。

(5)データバックアップ

セキュリティの一環であるが、停電対策、システムダウン対策のためにバックアップ方法やそのサイクル、復元期限を定めておく。物理的サーバー、クラウド型サーバーではバックアップ方式が異なることが多い。

(6)帳票、証憑保管方法

すべての業務がペーパーレスで行われることはないので、受信したデータを出力したり、帳票印刷をする場合がある。それらの出力帳票の保管管理期限を定めておく必要がある。会計伝票には税務上の保管年限があるが、作業伝票の場合には委託者、会計担当との協議によって期限を定めなければならない。

(7)IT全般統制項目

ベンチャー企業、上場予備軍企業では株式公開準備に入ると数年前から、システム監査や会計監査のための作業が必要となる。物流現場では売上、仕入れ、在庫資産の管理情報が重要となるために、独自の監査規定が定められている。詳しくは相互協議の対象ではあるが、情報システムを前提とした運営であるので**システム監査**を満たす体制を持っていなければならない。全般統制監査項目は標準的なものなので、整理しておくことが望ましい。代表的な全般統制項目は以下の通りである。

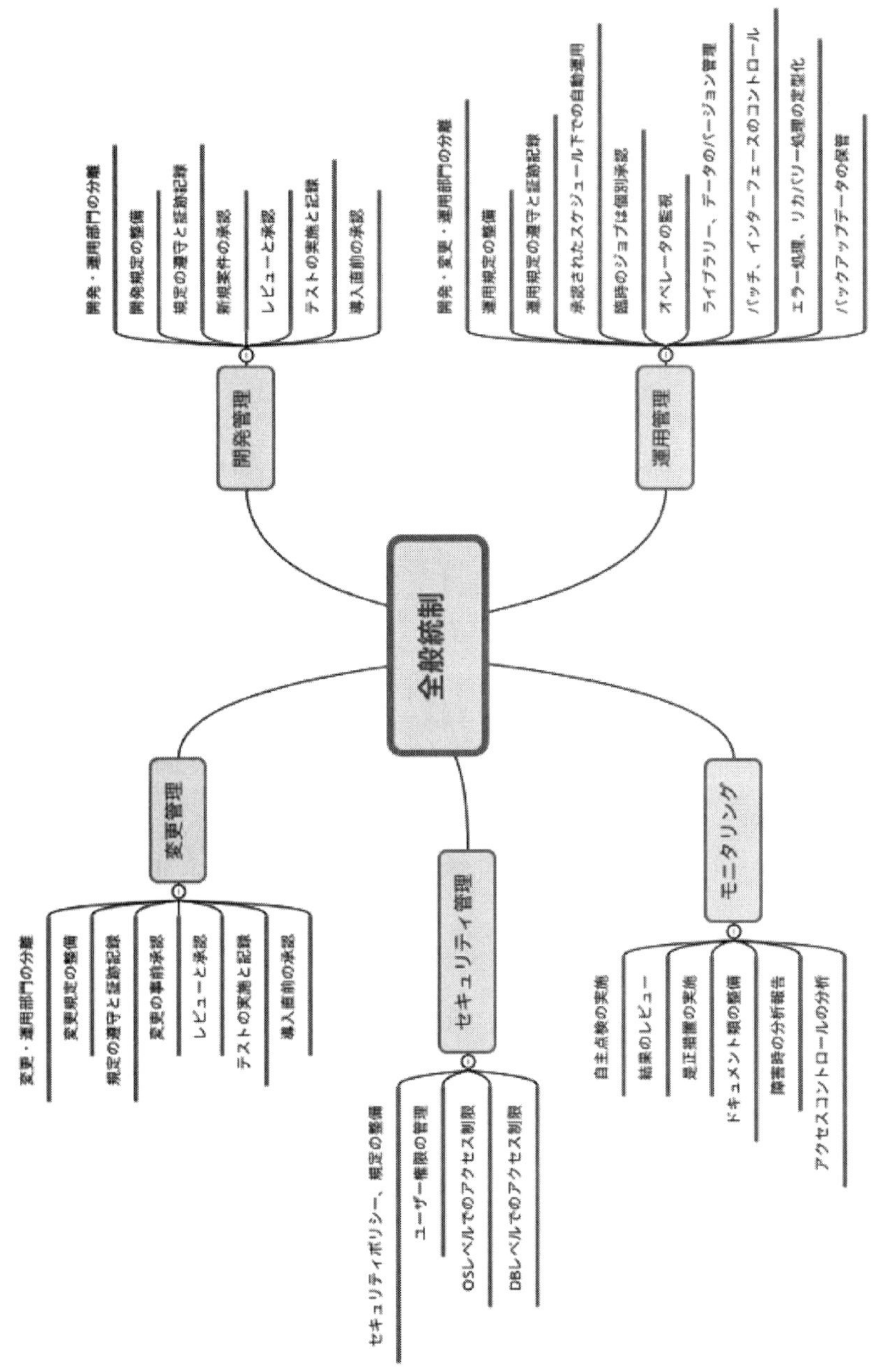

図64：IT全般統制要素

おわりに

コロナ禍がもたらした社会と地球の姿がこれからどうなるかは全貌が見えてこない。人類の歴史は飢餓、戦争と疫病だったとイスラエルのハラリ氏はベストセラーとなった『サピエンス全史』で語っている。我が国も戦後の死亡原因は結核が最悪の疫病であり、そのために国民皆保険制度や全国に保健所が整備されている。アジアで、特に日本においてコロナ禍による死亡被害が世界に比べて低い理由のファクターXには、この制度が挙げられているという。

コロナ禍前には世界的環境活動家のグレタ・トゥンベリさんが国連で、「このままでは地球がやばいことになっている」と啓蒙し、アメリカ・トランプ大統領が揶揄する事件があった。『21世紀の資本』を表したトマ・ピケティ氏の主張は経済成長が貧困をもたらし、**r>g　経済成長は利子率を超えることはない、**ますます富は集積するのみだと人々の絶望を解説した。そして都市には超高層ビルが立ち並び、人々は富に向かうことを疑うことはなかった。

経済効率は集中を意味しており、密室、密接、密集という情況が最高効率をもたらす。都市への集中がコロナ被害を拡大し続けており、新たな罹患者数の波は収まる気配がない。都市化が疫病を回復困難にしているのは明らかであり、これからはもはや習慣となってしまったリモート勤務や授業、開放的施設の再評価と建築物の仕様変化が起きるであろう。

経済活動も密を避けることから7割売上が常習化するために、厳しい競争環境を迎えている。従来の基幹産業は業態を変えねばならず、とは言え今までのように国家や行政の支援金は底を突く情況であるから自営努力が必要になる。

中小零細事業ユニットは生産性向上のためにも規模拡大が必要であり、業界を越えた再編成や半ば強制的なM＆Aが推進されることになるだろう。

社会が変わり、消費者心理が変わり、企業が変革を余儀なくされているとき、物流・ロジスティクスにも大きな変化が起きなければならない。従来どおりの効率化という価値観やコストダウンという単一指標では決して測ることのできない、経営指標が求められるだろう。市場を観察しながら適材適所の商材について、サプライチェーンを駆使して、調達して送り込む、ムダのない、資源を浪費せず、地球環境にも配慮した経営活動が求められる。

明らかに今までの延長線上には答えはなく、新しい不連続線を描かねばならない。人類とそれを支える食料やモノがなくなることはなく、情報金融データ産業だけでは生きられない。交換経済によることだけが、社会の富の創造であり、人々に幸福をもたらすはずだ。物流・ロジスティクスはなくなるはずはないが、既得権益が残された規制産業として守られてきた環境はもうない。専業社受難の時代が始まり、物流・ロジスティクスを経営手段とする新たな企業モデルの時代が始まろうとしている。

地球、社会、人々の心理、法律、国境、環境、省エネ、大気汚染、水資源など、経営を取り巻く制約条件が爆発的に膨らむ中で、私の提言が全体最適のサプライチェーン活動を構想するヒントとなることを期待している。

２０２０年12月23日　テレワークが続く自宅にて

著者プロフィール

花房陵（はなぶさ・りょう）

１９７８年慶應義塾大学経済学部卒

証券会社等を経て物流・マーケティングコンサルタントとして、28業種２００社以上の物流センターを35年間にわたって支援を続ける。倉庫という経営の台所を調べ尽くし、経営者の理念とビジネスモデルの危うさを研究。

あふれるモノと多くのヒトをマネジメントすることがすなわち経営理論であることをまとめ上げたのが本書である。

ロジスティクス・トレンド株式会社 代表、その他多くの経営顧問として活動中。

主な著書『現場でできる物流改善』『見える化で進める物流改善』『物流リスクマネジメント』：日刊工業新聞社、『スマートロジスティクス』『次世代店舗 Vol1~5』：NTS出版など。

ビジネス・ロジスティクスの原理

2021 年 3 月 22 日　第 1 刷発行

著　者　花房　陵
発行者　日本橋出版
〒 103-0023　東京都中央区日本橋本町 2-3-15
共同ビル新本町 5 階
電話　03(6273)2638
https://nihonbashi-pub.co.jp/
発売元　星雲社（共同出版社・流通責任出版社）
〒 112-0005　東京都文京区水道 1-3-30

ISBN978-4-434-28575-2　C0033